趣 境 童 游

——苏州市幼儿园课程游戏化前瞻性实验项目环境改造探索与研究

龚燕红　蒋　晨　钟　敏　**主编**

副主编

朱玲萍　曾　维　姜春英　施月平

余　蓉　孙　瑛　徐冬英

参编（按姓氏笔画排序）

万丽娟　王　路　刘苏琴　李梦苑　李筠景　沈　洁　沈文娟

沈徐璐　张　珍　张楠楠　陈伊静　范一珺　范荔甜　林　昀

季　琳　周张瑶　周慕佳　赵　丹　赵宏晨　咸印莹　俞思佳

施晓媛　姚婷轩　聂晓倩　贾叶红　顾亚静　徐　萍　徐锦柔

黄银银　龚映雪　章　蕾　葛海雪

苏州大学出版社
Soochow University Press

图书在版编目（CIP）数据

趣境童游：苏州市幼儿园课程游戏化前瞻性实验项目环境改造探索与研究 / 龚燕红，蒋晨，钟敏主编. —苏州：苏州大学出版社，2023.12

ISBN 978-7-5672-4620-1

Ⅰ.①趣… Ⅱ.①龚… ②蒋… ③钟… Ⅲ.①幼儿园—课程—教学研究 Ⅳ.①G612

中国国家版本馆 CIP 数据核字（2024）第 007072 号

Qujing Tongyou
— Suzhou Shi You'er yuan Kecheng Youxihua Qianzhanxing
Shiyan Xiangmu Huanjing Gaizao Tansuo Yu Yanjiu

书　　名：趣境童游
——苏州市幼儿园课程游戏化前瞻性实验项目环境改造探索与研究

主　　编： 龚燕红　蒋　晨　钟　敏
责任编辑： 方　圆
装帧设计： 刘　俊

出版发行： 苏州大学出版社（Soochow University Press）
社　　址： 苏州市十梓街 1 号　**邮编：** 215006
网　　址： www.sudapress.com
E-mail： sdcbs@suda.edu.cn
印　　装： 苏州市深广印刷有限公司
邮购热线： 0512-67480030　**销售热线：** 0512-67481020
网店地址： https://szdxcbs.tmall.com/（天猫旗舰店）

开　　本： 787 mm × 1 092 mm　1/16　**印张：** 14.5　**字数：** 292 千
版　　次： 2023 年 12 月第 1 版
印　　次： 2023 年 12 月第 1 次印刷
书　　号： ISBN 978-7-5672-4620-1
定　　价： 66.00 元

本书编委会

给孩子们一个流光溢彩的童梦空间

遇见：1+10+N

2018年，我们遇见了一个为孩子实现梦想、为幼儿园带来变革的项目——苏州市幼儿园课程游戏化前瞻性实验项目。随着此项目在市级层面的落地实施，幼儿园课程游戏化环境改造研究共同体应运而生。苏州市姑苏区新康实验幼儿园、昆山市绣衣幼儿园、苏州高新区成大实验幼儿园、张家港市万红幼儿园、常熟市莫城幼儿园、太仓市高新区娄江幼教中心娄江幼儿园、苏州市吴江区七都幼儿园、苏州太湖国家旅游度假区舟山实验幼儿园、苏州市相城区珍珠湖幼儿园和苏州工业园区新加花园幼儿园这十位出色的伙伴有缘相遇。

我们不仅是研究共同体，更是携手并进的开垦者。我们不满足于简单的变革，而是立志为每个孩子打造一个适宜的、富有创意的游戏环境。我们用心去感知孩子们的需求，用智慧去设计有趣的场景，用行动去践行教育的初心。N，是新的开始，也是无尽的可能性。每一个N都是对教育的新尝试，是我们迎接未知时所获得的成长。在此过程中，我们不断思考，勇敢尝试，为每一个N赋予更丰富的内涵。

躬耕：童梦田园的耕耘者

三年来，我们在课程游戏化精神指引下，在苏州市教育局原副局长朱向峰先生、苏州市教育局基教处赵蔚岚女士、苏州市教育科学研究院副院长戈柔女士的引领和关怀下，十个亲密的伙伴坚守躬耕之志，不断汲取教育智慧，重塑幼儿园的发展图景。我们以耕耘者的姿态，扎根在园所土地上，以儿童需求为犁头，精心设计、用心改造，努力开垦每一寸教育的沃土。在耕耘的道路上，我们借专家之慧，悟改革真理；鉴同伴之迹，探教育新境；评他园之成，汲成长养分；思我园之本，研改造路径。我们努力摘取每一颗启发的种子，将其播撒在创新的土壤中，培育出茁壮的教育成果。我们看到了十所独具特色的童梦田园破茧成蝶，带着智慧、挑战、探索和无尽的爱向幼儿飞来。多彩时空展现出生命成长的气息与灵动，让每一个生命与其相遇。

厚植：内涵建设的园艺师

课程在这里生长。通过独具特色的环境改造，自然、灵动、多元的游戏环境为幼儿创造了更有启发性和互动性的学习场景。课程也自然而然地在这里生根发芽，茁壮成长。孩子们在丰富的游戏环境中，不仅仅是课程的接受者，更是参与者和创造者。这样的课程为幼儿的全面成长提供了强劲的动力。

文化在这里积淀。在环境改造的洗礼下，园所文化在这里找到了更丰富的土壤。通过雕琢每一寸土地，我们思考如何在环境改造中凸显自己的独特内涵。园本文化不再是简单的象征，而是扎根于环境的精神寄托。我们将环境融进文化基因里，使园本文化更具体、更趣味，更扎根于孩子们的日常生活。

课题在这里萌发。环境改造项目为各园提供了丰富的实践经验，通过课题研究，园所实践得以深刻反思，发现问题、解决问题，实现了研究与实践的良性循环。课题研究也不再是枯燥的理论探讨，而是涵盖了实际内涵的探索。

赓续：共筑未来的教育理想之路

每一处环境都承载着教育的期许，每一个园所都承载着梦想的芬芳。三年的携手改造之旅，见证了我们的辛勤耕耘，埋下了教育理想的种子。每一次的合作与探讨，都是理念的碰撞；每一次的实践与创新，都是经验的积累。我们收获了丰硕的成果，更获得了思想的升华。

赓续，代表坚定的战斗精神，更寓意着对教育理想的坚守。对于未来，我们怀揣着更多的期待。给孩子们一个流光溢彩的童梦空间，我们期盼每一位孩子都能在趣境童游的过程中筑梦成长。

编　者

2023 年 12 月

目 录
CONTENTS

第一篇　觅 · 童梦之境

第二篇　聚 · 童趣之源

第三篇 笃·童心之意

第一篇

觅·童梦之境

苏州市姑苏区新康实验幼儿园

苏州市姑苏区新康实验幼儿园原为苏州市新康实验小学校附属幼儿园，于 2009 年 9 月 1 日开园，2021 年 1 月从小学脱离，独立建制。幼儿园坐落于桐泾南路 181-2 号，全园占地面积 6 750 平方米，建筑面积 4 242 平方米，户外活动场地 5 271.9 平方米，绿化面积达 2 080 平方米。幼儿园配有小班、中班、大班共 12 个班级，在园学生 385 名，多样的专室和丰富的户外游戏环境全面满足幼儿的均衡发展。

幼儿园在“清新、健康、快乐、阳光”的办园理念下，逐渐形成了“勤奋、关爱、协同、创新”的园风，确立了“自然、自由、自主、自信”的幼儿发展目标。自 2018 年起，幼儿园作为苏州市幼儿园课程游戏化前瞻性实验项目环境改造研究共同体成员，深入学习课程游戏化精神，积极以环境改造为抓手，优化一系列硬件创设，给幼儿提供了丰富的学习、游戏环境，同时，提高环境资源的使用率及教育内涵，使幼儿园的角角落落都成为幼儿发现、探索、提高能力的课程资源，促进教师形成课程生发意识与能力，让环境真正发挥其教育的价值。这些项目的开展，促发了幼儿园园本课程的建构，逐步形成了“馨蕊”课程，寓意着在温馨的环境中亲自然、萌新生，成长自然而然地生发；代表着家长、老师、社会全方位对幼儿的关爱之心、全纳之情；不仅象征着幼儿好似含苞待放的花蕊，更寓意着幼儿园独立建制后将开启新的征程。

苏州市姑苏区新康实验幼儿园将抓住学前教育大发展的机遇，深化内涵，强化管理，推动幼儿园向更高品位、更高水平发展，让幼儿园真正成为孩子们游戏的花园、生活的家园、学习的乐园！

三楼平台改造成运动场

玩水池改造成小桥流水

绿化带改造成“新秀嬉戏谷”

跑道改造成“新芽大本营”

打造“新绿艺术廊”

新建“新光小树屋”

创设“新色涂鸦廊”

改造种植园，新建“新生小农场”

昆山市绣衣幼儿园

昆山市绣衣幼儿园创办于 1993 年 8 月，2016 年 2 月作为市政府实事工程异地新建投入使用。全园占地面积 1.67 万平方米，建筑面积 1.77 万平方米，绿化面积 3 859.14 平方米。园内拥有江苏省特级教师，首届江苏省“苏教名家”培养对象，“姑苏教育领军人才”，苏州、昆山市级名教师、学科学术带头人等骨干教师 50 人，正高级、高级职称教师 8 人，学前教育教师资格证持有率 100%，大专以上学历 100%。

幼儿园先后获评“江苏省示范性实验幼儿园”“江苏省文明学校”“江苏省青年文明号”“江苏省教师发展示范基地校”“江苏省教科研先进集体”“江苏省幼儿园体育特色学校”“江苏省平安校园”“江苏省绿色学校”“苏州市文明单位”“苏州市巾帼文明岗”“苏州市依法治校先进学校”“苏州市校务公开先进学校”“昆山市首批优美校园”等称号。

幼儿园坚守“倾注真挚爱心，培育纯洁童心”的教育初心，以“高质量、创品牌、树特色”为办园目标，注重内涵发展，实施“美好教育”，努力构建“韵美、稚美、和美、润美”之“大美绣园”。本着“为儿童美好人生奠基”的思想，倡导并践行“健康儿童，快乐运动”，开展“生命、生活、生长视域下幼儿园快乐运动课程的建构与实践”研究，致力促进儿童体质体能、学习品质、社会性及情感等的全面发展。

近年来，幼儿园先后承办了中国学前教育研究会幼儿园课程建设观摩、国培计划项目、云南省学前教育发展实验示范项目、沪昆融合幼教论坛、昆碧幼教交流会、苏州市幼儿园课程游戏化前瞻性实验项目研修观摩等 60 余次国家级、省市级公开展示活动，有效发挥着窗口园的示范辐射作用，为推动区域幼教水平优质发展做出了贡献。

戏水池改造

花坛改造

人文大厅改造

韵美门厅改造

课程实践长廊改造

韵美门厅改造

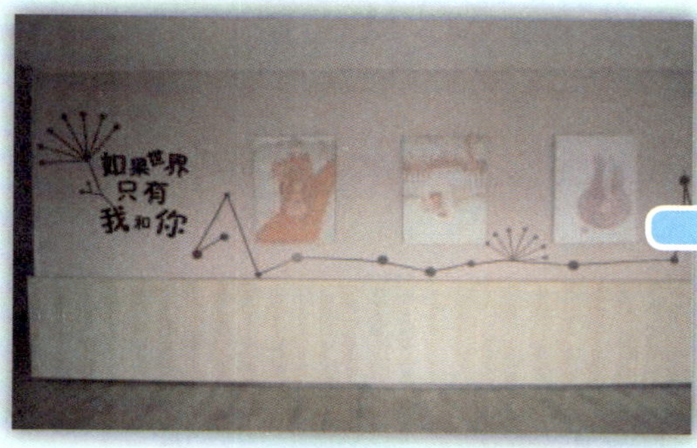

跑酷长廊改造

多功能楼梯改造

健身区改造

苏州高新区成大实验幼儿园

苏州高新区成大实验幼儿园，园所位于横山脚下、运河之滨，新园于 2017 年 6 月 30 日正式启用。其用地面积 9 314.6 平方米，建筑面积 17 479.16 平方米。

幼儿园集现代理念、创意文化、温馨氛围为一体，深入扎根“成长，从心开始”的发展理念，注重育人为本、服务为先，夯实“大智大勤、大容大展”的教风，坚持“大方大气、大爱大成”的学风，努力将“幼儿慧学、教工慧育、家长慧爱”的办园目标渗透于心、落实于行，务实内涵，锐意进取，锤炼了一支既有教育情怀又有专业品质的师资队伍，打造了一所高质量、高品位的精品幼儿园。

幼儿园以优雅的环境、现代化的设施设备为师幼提供开放的互动环境，这里配有趣味生活室、畅想建构厅、动感音乐吧、悦读绘本屋、巧手木工坊、奇妙科发站、欢乐嬉水湾、开心淘沙池、寻宝阳光坡、创意美术馆等活动室；幼儿园以专业的师资队伍为幼儿开启科学的成长之路，这里聚有姑苏教育青年拔尖人才、狮山领军人才、苏州市学科带头人、苏州市“双十佳”、苏州市教科研先进个人、苏州市爱生模范、苏州市优秀教育工作者、苏州市最美劳动者、高新区学科带头人、高新区教科研先进个人、高新区教学能手、高新区优秀德育工作者、高新区优秀班主任、街道最美教师等一大批骨干教师。幼儿园以扎实的办园品质为家长带来稳固的家园桥梁，先后获评“全国足球特色幼儿园”“江苏省体操特色幼儿园”“江苏省节水型学校”“苏州市文明单位”“苏州市首批‘四有’好教师重点培育团队”“苏州市融合工作先进单位”“苏州市健康单位”等荣誉称号。

过道围墙→涂鸦长廊

草坪转角→开心农场

室外通道→野营部落

墙隅绿植→沙水天地

异形土坡→拓展基地

封闭灌木→快乐驿站

张家港市万红幼儿园

张家港市万红幼儿园（以下简称“万幼”）创建于1994年，现有万红总部和云盘分园两个园区，隶属于张家港市教育局，市级以上骨干教师占比45%。幼儿园先后成为“江苏省物型课程基地学校”“江苏省教科研基地学校”“江苏省快乐体操研究基地”“苏州市幼儿园课程游戏化前瞻性实验项目环境改造研究共同体项目园”，荣获“中国书香校园”“张家港市少年儿童图书馆绘本阅读实验基地”“张家港市优秀阅读组织”等称号。先后创建成为“苏州市教科研先进学校”“张家港市文化建设先进学校”“张家港市课程建设先进学校”。目前开展的江苏省“十三五”重点自筹课题“一所儿童喜欢的幼儿园：提升幼儿阅读素养的‘图书馆’建设的研究”成果已正式出版。

幼儿园拥有为儿童定制的“四季时空”。走进万红幼儿园，一条长长的通道，一幢回字形的园舍，温馨的生活环境、多元的游戏环境、丰富的育人环境，一种家的归属感油然而生。一幢房子、一个院子、一群教师和孩子，春有花，夏有荫，秋有果，冬有景，“种子课程”的四季时空专属于每位幼儿，让幼儿能对自己所生活的幼儿园大环境、小环境有发表观点、参与决策的机会。同时，在物型课程的视野下，注重物型样态与审美表达，营设一厅、二室、三廊、四园“四维时空”，挖掘园所空间的潜在价值。

环境既是课程实施的载体，又是课程创生的来源。课程实施需要获得某种特定环境的支持，而课程开展的过程与成果也会促进园所环境的改变。作为全国“书香校园”，幼儿园借助园内外图书资源，开发与创新共享“图书馆”、班级“图书馆”、阅读街区等“在馆学习”样态，为幼儿打造一个适宜的阅读环境。

绿化带改造成“绿野仙踪”游戏区

外操场空地改造成足球场和户外阅读亭

楼梯转角改造成“绘本餐厅”

新建“竹林公园”

楼梯墙壁增加孩子们的活动照片

阅读廊改造成广播站

内操场绿化带改造成原创绘本制作展示场地

跑道改造成骑行、攀爬区

车棚改造成“秘密花园”

后操场绿化地改造成“沙水湾”

常熟市莫城幼儿园

常熟市莫城幼儿园创办于 1951 年 8 月，2002 年由镇政府投资异地新建，2003 年正式投入使用。园所占地面积 12 598 平方米，建筑面积 6 831 平方米，绿化面积 5 967 平方米。现设 18 个教学班，在园幼儿 500 多名。全园现有教职工 79 名，全体教职工持证上岗率 100%，教师大专及以上学历 100%。目前，园内拥有市级以上骨干教师 12 名，其中苏州市学科学术带头人 4 名，苏州市教学能手 8 名。全园教职工以“莫论幼学，诚于养正”为办园理念，实施文化立园、特色树园、人才强园、发展兴园四大战略，积极构建一个团队学习、超越自我、共同发展的理想精神家园。

在课程游戏化理念的引领下，幼儿园的教育环境、教师理念以及幼儿发展有了长足进步。在莫城幼儿园得天独厚的小树林中，孩子们感受着四季的变化，探索不同种类的树木，与小动物亲密接触……在与大自然的互动中获得直接的知识经验，小树林成了最生动的课堂。丰富有趣的户外运动也让孩子们有了更多亲近阳光的机会，在不同的运动项目中发展运动技能，享受户外运动带来的乐趣。幼儿园已获“常熟市课程游戏化三星级特色幼儿园”“苏州市教育学会‘十三五’教育科研先进集体”等集体荣誉，在常熟市幼儿园办园质量发展性评估中连年被评为优秀。

利用树林资源建设“小树林生态游戏场”

自然之家

昆虫旅馆

树林运动区

云裳小镇

森林剧场

分享空间

改造空地打造“莫莫农场”“耕种园”(1)

改造空地打造“莫莫农场”“耕种园”（2）

幼儿参与环境改造

考察地形

丈量土地

设计图纸

搬运材料

装饰美化

动手打造

太仓市高新区娄江幼教中心·娄江幼儿园

太仓市高新区娄江幼教中心娄江幼儿园创办于2007年8月，是一所独立建制的公办幼儿园，占地面积10 608平方米，建筑面积6 336平方米，户外场地3 650平方米，6轨18个班级。园所环境优美，设施齐全，绿色生态，于2011年12月获评“江苏省优质幼儿园”，并先后获“江苏省平安学校”“苏州市托幼机构卫生保健先进集体”“苏州市绿色幼儿园”“苏州市科技特色教育学校”“太仓市文明单位”“太仓市巾帼文明岗”等荣誉称号。

幼儿园是苏州市幼儿园课程游戏化前瞻性实验项目环境改造研究共同体项目园、太仓市幼儿园课程游戏化项目领衔园，基于教育理念“让教育回归生命，让学习自然发生”，在“开放、多元、丰富、互动、传承”的建馆理念下，打造多个儿童博物馆和亲自然的班级小院，通过儿童博物馆中走园游戏的开展，渗透自由、自主的精神。基于课程理念“给孩子一个‘博物’的环境，让他去体验；给孩子一个‘走园’的机会，让他去创造”，构建生命共同体视角下儿童博物馆园本课程。研究成果《基于儿童博物馆资源，实施幼儿园走园游戏》于2016年获苏州市教育教学成果一等奖，2017年获江苏省教育教学成果二等奖。幼儿园于2019年获苏州市园本特色课程建设一等奖，并成为基地学校，2020年成为“太仓市科学教育综合示范学校”，2021年获太仓市教育特色一等奖。

北操场改造

南操场改造成“娄江小院”

东操场改造

小树丛改造

户外娃娃家

小树屋游戏

优化专用教室

美术馆

茶艺馆

书博馆

木工馆

新建扎染馆

创设校园

我们
收集的
种子

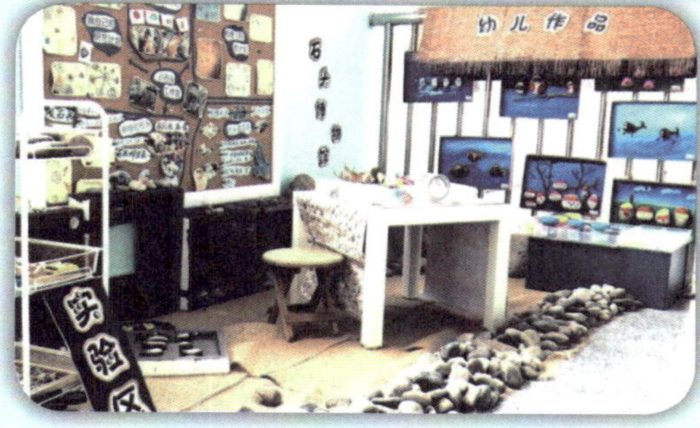
幼儿作品
实验区

的

一步一景

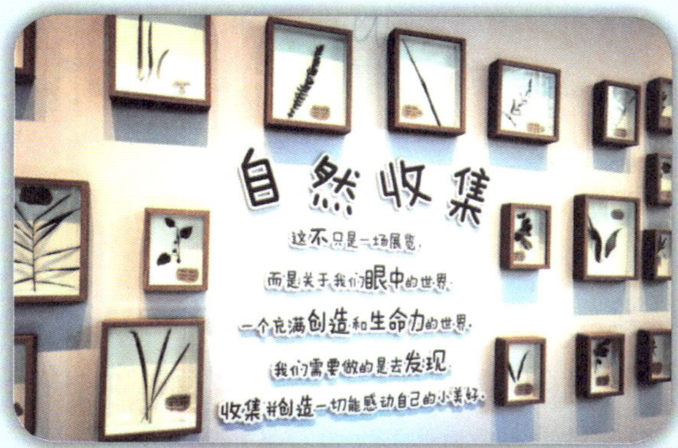
自然收集
这不只是一场展览，
而是关于我们眼中的世界，
一个充满创造和生命力的世界，
我们需要做的是去发现
收集并创造一切能感动自己的小美好。

Heine

苏州市吴江区七都幼儿园

苏州市吴江区七都幼儿园始创于1984年，2012年异地新建，2014年投入使用，是一所独立建制的江苏省优质幼儿园。它坐落于美丽的太湖之滨，有着浓厚的人文底蕴和蓬勃的发展潜力。

幼儿园秉承“以文化心，培养整全的儿童”的办园理念，紧扣“浸润溇港文化，蒙养儿童心灵”的办园宗旨，以课题“现象教学视域中幼儿园主题活动优化的研究”和“经验取向：基于溇港资源主题活动的实践研究”为载体，引领课程实践，以溇港资源为切入口，开发“润养”课程，倡导“顺应天性、回归生活、润泽童心”的课程愿景，践行“求真、开放、润泽、和合、传承”的课程理念。以“现象教学”与“虚室留白”相结合的方式，重新审视儿童的生活与游戏，对当下的课程主题方案进行精耕细作式的调适与创新。

随着课程园本化实施的深入，幼儿园开发了“溇港人家”“烟渔茶舍”“溇港生态园”“木偶昆曲馆”“渔村创意馆”等一厅、两院、三廊、九室的特色实习场，旨在营造凸显童趣、回归生活、体现层次、富有挑战的活动环境。其中涵盖了“游吴村烟市”“续传统习俗”“品家乡美食”“访七都古桥”“探家乡渔船”“承家乡非遗”六大板块内容，旨在以文化、爱和美为基础，寓大脑和心灵的教育于孩子的生命整体之中，回归自然、回归生活、回归儿童、回归传统。让幼儿在“亲近自然、直接感知、实际操作、亲身体验”等学习方式中获得有益经验的生长，在自然、人文与科学的和谐统一中感受溇港文化的魅力，在传承底蕴中形成独特的文化韵味，在改革创新中不断丰富幼儿园文化内涵。

生活休闲区改造

运动大草坪改造

野趣涂鸦园

生态水池、沙池、泥趣园改造

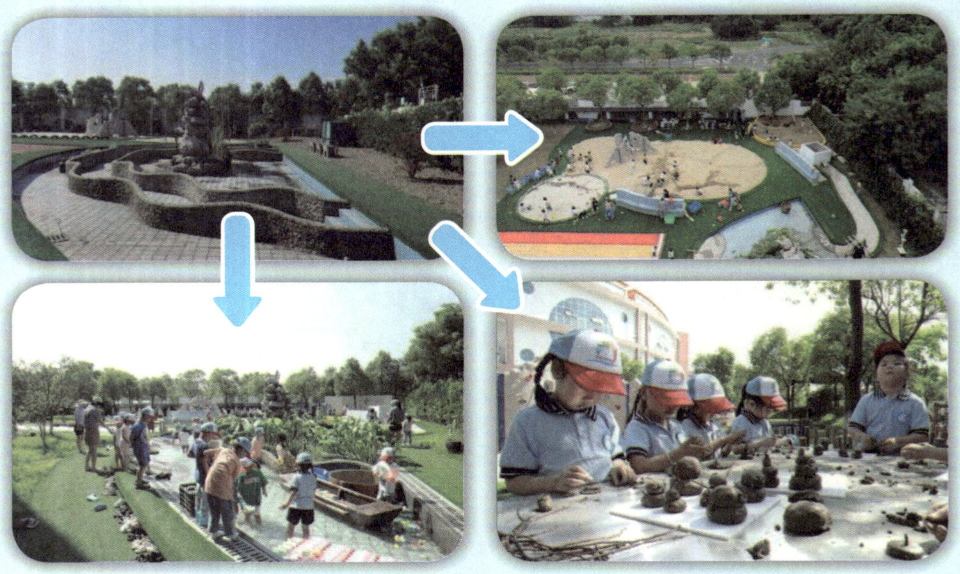

阳光小舞台改造

溇港水趣园改造

百变石园

山坡农场

湖畔人家

文化大厅

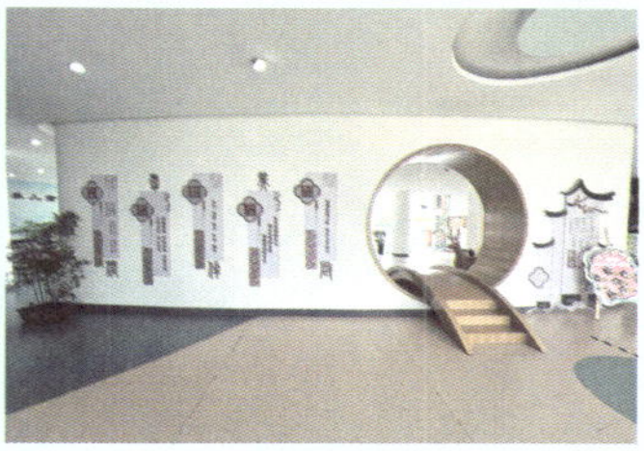

苏州太湖国家旅游度假区舟山实验幼儿园

苏州太湖国家旅游度假区舟山实验幼儿园于2014年9月启用，面朝太湖，背靠穹窿山。幼儿园先后获评“江苏省优质幼儿园”“全国足球特色幼儿园”“全国美术教育联盟园”等荣誉称号。

随着苏州市幼儿园课程游戏化前瞻性实验项目的深入推进，幼儿园建构了充满自然、本真、野趣、多元的“太湖拙趣园”。围绕儿童视角，追随儿童的脚步，创造了适合幼儿的室内外游戏环境。

改造后，共创设了12个户外游戏活动场地，分别是“艺术涂鸦”“香山匠人”“农家小院”“野战部队”“趣味山坡”“沙水之趣”“小小车队”“开心农场”“鸟语花香”“音乐长廊”“运动达人”“快乐足球”，还有“我的成长路”“趣玩美艺术廊”“微太湖博物馆”3个特色连廊。各个活动区的设置基本都在原有的户外场地上进行改进和调整，动态投放适宜的游戏材料，让童趣在优异的环境中绽放。

绿化带改造成“鸟语花香”游戏区

外操场空地改造成“农家小院”游戏区

改造“音乐长廊”，增添小舞台

草坪改造成“野战部队”游戏区

墙边绿化带改造成“香山匠人”游戏区

灌木丛改造成“沙水之趣”游戏区

凉亭改造成“艺术涂鸦”游戏区

围墙边绿化地改造成“运动达人”游戏区

三条空连廊改造成特色连廊

一楼“我的成长路”

二楼“趣玩美艺术廊”

三楼“微太湖博物馆”

苏州市相城区珍珠湖幼儿园

苏州市相城区珍珠湖幼儿园，始建于2008年，2009年9月随珍珠湖小学独立建制，2010年进行二期扩建。幼儿园占地面积9 898平方米，建筑面积6 028平方米，户外场地面积7 238平方米，绿化面积3 890平方米，设计规模标准。园所基础设施齐全，校园环境优美，功能布局合理，拥有充足的户外活动场地，并因地制宜地创设了种植园、沙水区等户外功能区及小小珍珠城、图书室等室内专用室。幼儿园现有6轨18个班，共569名幼儿，教职工82人。其中编内教师30人，占比66.7%；专任教师本科以上学历39人，占比100%；区级骨干教师25人，占比64.1%，其中区级学科带头人5人，区级教学能手9人，区级教坛新秀11人。

办学质量与特色：幼儿园结合园本“珍珠文化”，立足课程游戏化建设，作为苏州市幼儿园课程游戏化前瞻性实验项目环境改造研究共同体项目园和相城区课程游戏化共建园，基于“珠之韵，润生长”的园所理念，以“户外混龄体锻”“玩中学种植养殖”“生活化德育”等活动为载体，探索并实践“珍珠课程”，彰显出了一所省优质公办园的独特魅力。

现已取得的荣誉成就：幼儿园于2010年创建“苏州市优质园”“苏州市绿色学校”，于2012年创建“江苏省优质幼儿园”；先后获评“苏州市德育先进学校”“苏州市托幼机构先进集体”，以及省、市、区“巾帼文明岗”；连续多年获得“相城区常规管理先进幼儿园”等荣誉称号。

墙面改造凸显“珍珠”元素

缸瓮种植长廊优化改造为“水八仙阁”、骑行区

户外休闲空地改造成户外艺术区

优化户外音乐区

优化改造户外玩沙区、玩水区

打造湖畔绿色健康地带

增添、更换户外大型玩具

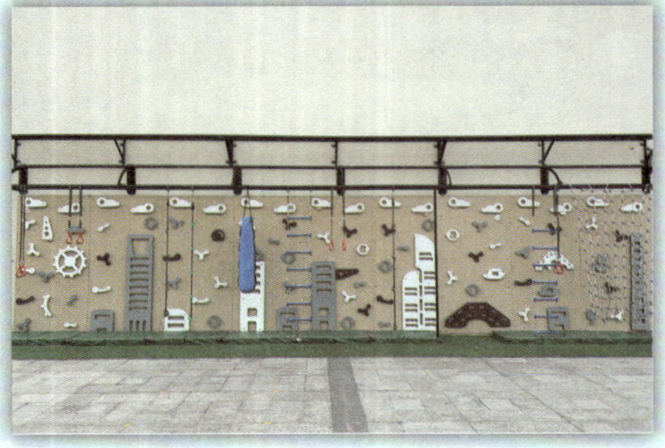

沙池区改造成种植区、养殖区

楼梯墙面增添园本文化元素

苏州工业园区新加花园幼儿园

苏州工业园区新加花园幼儿园是苏州工业园区管委会的一所直属公办幼儿园，创办于 1999 年 9 月，是江苏省示范性幼儿园、江苏省优质幼儿园。幼儿园拥有一支师德师风正、专业能力强、职业素养高的保教队伍。多年来，新加花园幼儿园坚持以“爱的海洋，美的天堂”为园所发展愿景，以“心中有爱、眼中有美、乐之于行”为办园理念，将“爱”与“美”流淌在意识形态里，扎根在课程实践里，不断滋养并丰富着“尚童、融合、乐活、至美”的园本课程理念，培养出了一批又一批爱运动、爱交流、爱生活、爱探索、爱创造的“快乐新加娃”。

改造淘气堡

改造小厨房

改造小山坡

改造共享大厅

改造门厅

改造乐娃童话镇

改造滑梯

第二篇

聚·童趣之源

雨靴整理记

《江苏省课程游戏化项目建设要求》指出：关注游戏和生活的价值，从幼儿的生活和游戏中，感知幼儿的兴趣和需要，发现有价值的资源和线索，设计、生成不同类型的教育活动。苏州市姑苏区新康实验幼儿园充分利用幼儿园环境资源，关注幼儿兴趣，以促进幼儿发展为目标，生成贯穿幼儿学习、游戏以及一日生活的主题鲜明、形式多样、组织灵活的主题活动。在这些生成活动中，我们也正逐步转变以教师为首的主题观念，开始积极探索幼儿自主、自发的学习行为方式。

一、捕捉幼儿话题，确立活动主题

新浪沙水园是新康实验幼儿园的孩子们最喜欢的游戏区，他们在这里尽情地挖沙，与流动的水嬉戏，无比快乐、满足。而游戏前换雨靴环节像是一个又一个的缓冲带，冲淡了孩子高亢的情绪。

颀颀：“老师，这两只靴子不是一双，左右脚不一样大！”

豪豪：“这双靴子太小啦，我都穿不下，哪双我能穿呀？都找半天了！”

小雨：“老师，只剩下两只左脚的靴子了！”

雨棚里的雨靴混乱地摆放着，找到一双合适的雨靴还真需要花费一些时间。星星边找靴边说：“这些靴子都长得一样，一点儿也不好找，要是能分开就好了！”教师追问：“那怎么才能把这些靴子分开呢？”星星停下手头的事，想了一想说：“把靴子一双双整理好，分开放就行了呀！”而一旁的柔柔已经在默默地将杂乱的雨靴整理摆放好，我忍不住赞叹：“哇，你真是一个善良的‘田螺姑娘’！有没有人愿意来帮忙呀？”一听夸赞，孩子们三三两两地都举着手围过来，“我、我、我！”于是，整理雨靴的活动在热情洋溢的氛围中开展起来。

教师思考

从发现问题到产生兴趣，一方面需要教师追随幼儿的兴趣，另一方面也需要教师敏锐地捕捉到幼儿兴趣中的价值。孩子们在游戏过程中发现问题，通过思维的碰撞达成共识——整理雨靴。

二、追随幼儿思路，开展活动

1. 首次尝试

围绕怎么整理雨靴这一问题，孩子们围成一团，开始了讨论。

可可："靴子尺码都不一样，我们可以先把靴子按照尺码分一分。"

昊昊："对的，一样大小的放在一起。"

说干就干，孩子们拿起一双靴子，查找靴子的码数，并且开始了分类。星星还细心地提出用纸笔来写上标记，好让大家找到分类的位置。

分类完之后，大家有了小小收获，干劲更足了，开始动手把雨靴一组组放置在木桩上，并且把做好的标记也对应放置。

经过一番整理，看上去似乎是方便了一些，具体可不可行呢？教师提议："现在，我们来试试看，整理后我们能找到合适自己的雨靴吗？"孩子们满心期待地去找靴子了。然而，没多久，焦急的声音此起彼伏——

冬冬："靴子太多了，我右脚的靴子找了半天！"

小雨："我明明是在34码的位置拿的靴子，怎么还有35码的靴子呀！"

玥玥："我都快把每个尺码的雨靴都试了一遍，才找到能穿的，还是小雨运气好，一下子就找到她能穿的靴子了。"

教师："你们好会发现问题呀，看来生活经验都特别丰富，知道穿雨靴需要注意哪些，提的问题很实在！刚才我们虽然没有预料到这些情况，但是没关系，接下来我们有方向了，让我们一起重新商量解决吧！"原本愁眉苦脸的孩子们，一下子被激起了斗志，纷纷表示不愿放弃，一定要攻破这项难关！

教师思考

对于幼儿偶发事件，需要教师留给幼儿充分的思考、商讨、探究的时间，支持幼儿运用幼儿园环境资源，通过积极参与和主动体验，大胆提出问题，并用自己的方式来进行验证。在幼儿自主活动中，或多或少会遇到一些问题，经历失败，教师应给予幼儿足够的机会去尝试，并接纳幼儿的失败，营造支持性的心理氛围，传递“方法总比困难多”的理念。

2. 重新策划

（1）从失败中总结出问题，针对出现的状况商讨解决办法。

回到教室，大家再次围坐在一起，在教师的协助下，对各种问题进行了梳理和汇总整理，并用简笔画的方式展现了出来。大家通过讨论总结出以下亟须解决的四个问题。

① 雨靴的左右脚区别不明显。

② 码数区域分布不明显。

③ 标记纸很容易破损。

④ 孩子们不清楚自己到底该穿几码的鞋。

教师思考

教师在与幼儿交流讨论的过程中，要对他们的问题进行筛选、分析，促使幼儿逐步清晰自己的探究问题。教师要听取幼儿的想法，对问题进行梳理归纳，并与幼儿共同确定内容和方式。

（2）组建项目组。

经过讨论，孩子们根据自己的兴趣和意愿，选择了同伴并进行了分组。这是孩子们第一次自主分组合作。看起来很简单的一件事，要做到细，也是不容易的。孩子们从第一次的失败中重新站起来，更加认真了。在分组的过程中，他们还确定了小组的名称（表 2-1），明确了自己小组的主要任务。

表 2-1 小组名称和具体任务

小组名称	具体任务
确定尺码组	确定尺码大小，帮助大家熟知自己穿几码的雨靴
左右标记组	设计能够分清左右脚的标记
标牌组	设计、制作区域划分标牌

教师思考

教师要引导幼儿明确活动任务的目标、内容，在小组成立后，教师也要引导幼儿共同讨论工作计划，并明确分工。

（3）各项目组完成各自任务。

① 确定尺码组。

小组成员询问尺码的时候，大家纷纷脱下自己的鞋查看鞋码，在记录时发现，很多小朋友都是 28、29 或 30 码的，而之前在整理雨靴的时候都是 33、34、35 码，怎么会差这么多呢？直接比较码数是没有结果的，还能怎么办呢？

在阿姨的陪伴下，几个组员从沙池边每种尺码各拿了一双雨靴回到教室里，和自己的鞋进行了比较，发现实际大小其实并没有相差很大。而现在确定尺码的办法只有量一量脚长了。他们很快就想到用尺来测量，于是小组成员开始为每位幼儿量脚长，并做下记录。

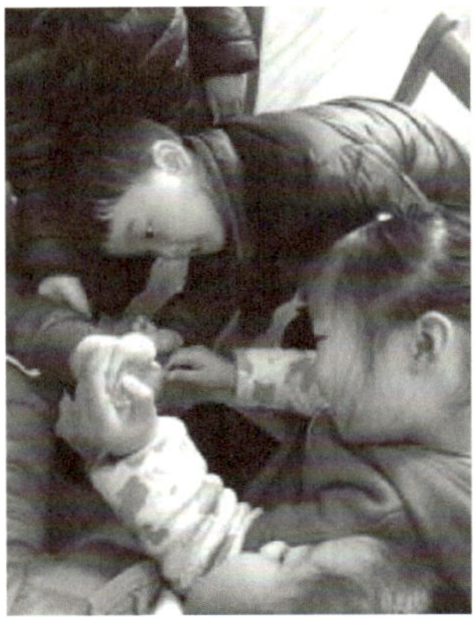
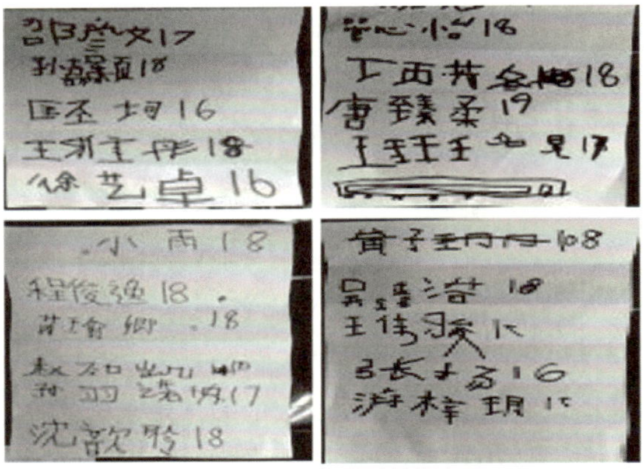

量完脚长，再来量一量雨靴的长度，写下一个个具体的数字以后，一下子就清晰明了了：虽然雨靴上标着的尺码数字不同，但实际长度是有很多相吻合的。看来，实际操作、动手量一量，真相就出现啦！尺码组的成员们迫不及待地告诉小伙伴：你穿 34 码，你穿 35 码……

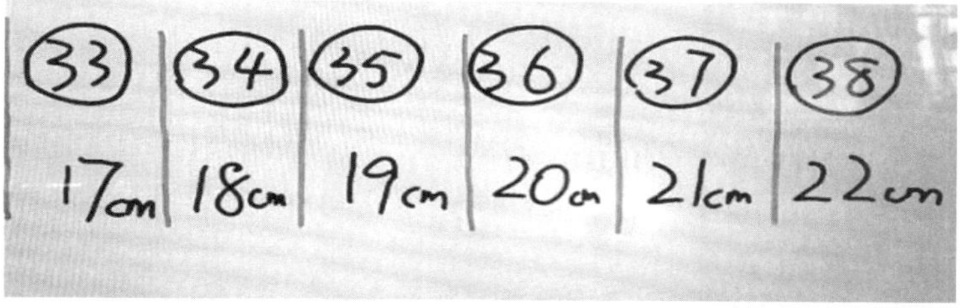

② 左右标记组。

这一组的成员们在讨论过后决定在靴底做标记，因为靴子是倒放着的，最先看到的是靴底，然而如何用鲜明的方式让大家知道哪只是左脚，哪只是右脚呢？

多多："把所有的左脚都涂上蓝色，所有的右脚都涂上红色吧！"

洋洋提出疑问："可是如果尺码混了，还是按颜色的话，就找不到完整的一双啦！"

小诺："每一双鞋一种颜色，一样颜色的就知道是一双啦！"

柔柔接上："我们一共有三十多双鞋，要涂三十多种颜色！"

洋洋："那我们用什么笔涂呢？"

在老师的帮助下，组长拿来了勾线笔、蜡笔、水彩颜料、丙烯颜料、彩色自粘纸，大家通过尝试、观察、比较，最终发现丙烯颜料能够做出更多的标记并能维持长久。而在确定材料后，发现做不出三十多种不同的颜色，前进的脚步被迫停下了。他们开始向教师求助。教师问道："我们把一双靴子紧贴着放在一起，再倒过来仔细观察一下，有什么发现？"洋洋惊呼道："它们是对称的！""是的，一个整体，分开又合并，怎样能确保是一双呢？"顾顾联想到以前益智区的游戏——找到另一半，提议："我们可以把两只靴子并在一起画些形状或图案，一边一半，这样不就能找到了？"顺着顾顾的想法，大家你一言我一语，提出自己的想法。在讨论时，教师建议组长把讨论的结果记录下来。

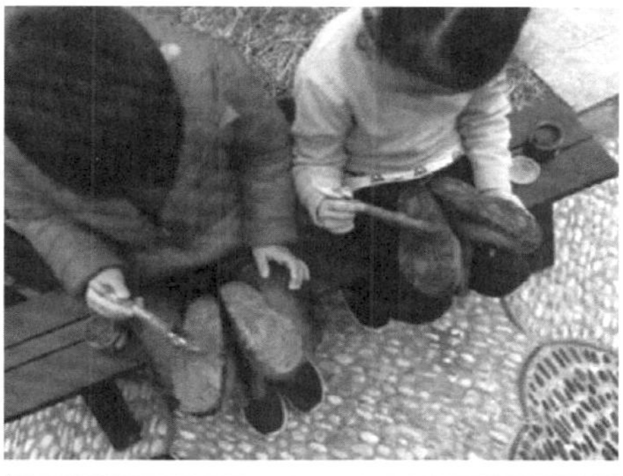

③ 标牌组。

标牌组在左右标记组完成任务的基础上，设计、装饰标牌，结合之前标记纸易损坏的经验，他们想到要给纸张"穿"一件防水的"外套"。他们在讨论中得出结论：这层外衣不仅要防水，"穿上"以后还要做到不会遮盖标记。因此他们首先想到的是透明的东西，塑料袋、保鲜膜、透明胶带等，最后发现透明胶带最方便，直接粘贴包裹就可以达到效果，最终一起合作完成了封装。

接下来就是把标牌划分出明显的区域，解决之前出现的“区域划分不明显”的问题，他们想到了平时在做数学分类时，会把同一类的框圈在一起，于是在组长彤彤的带领下，先将标记纸和杆绑在一起做成标牌，再用彩绳将同一尺寸的雨靴围在一定范围内，区域一下子就明显了。

教师思考

对大班幼儿来说，他们有自己解决问题的欲求，但毕竟认知经验和能力有限，所以需要教师适时地推一把。因此，教师要与幼儿一起梳理问题，帮助他们把杂乱的信息整理成线索。幼儿边讨论边思考，把学习、游戏活动中的经验用于实际的操作中，这是一个有计划、有生产的过程。

三、展示成果，分享经验

在解决了本班选择雨靴的问题后，其他班级，甚至小班、中班的弟弟妹妹会不会也遇到和我们同样的问题呢？新的小组在活动的推动下诞生了展示组。以彤彤为代表的展示组成员带着做好的展示板，走进小班，走进中班，有条理地、清晰完整地将重新布置的雨靴更换方案进行了分享。

测量组也来到了小班、中班，帮助弟弟妹妹们试鞋，并记录下适合他们的雨靴尺码，为他们定制了“雨靴尺码标记板块”，帮助弟弟妹妹们找到适合自己的雨靴。

教师思考

有效的游戏分享会是教师组织幼儿游戏的重要环节，通过师幼、幼幼间的交流，汇集有教育价值的游戏信息，选取适量的交流内容，采用适宜的分享方法，经过分析、综合、梳理、提升等现场交流，可帮助幼儿提升游戏经验与认识。

四、活动反思

作为幼儿发展支架要素的有机组成部分，教师在整个课程中发挥着关键作用。教师并不是简单地追随幼儿的兴趣或者问题，而是要对兴趣点和问题进行教育价值判断。

在这次活动中，幼儿也深深体会到了团队协作的重要性，合作意识大大增强。不仅小组内的成员相互配合，组与组之间也密切合作，互相影响。有了这样的过程，幼儿深刻体会到成功就是遇到困难不轻易放弃，成功就是积极探究、解决问题，成功就是资源整合、相互合作，成功就是勇于尝试、付诸行动。

舞台变身秀

散步时，孩子们发现了“新秀嬉戏谷”里的一块空地。欣欣大声询问：“老师，这块空地是干什么的呀？能变成我们的小舞台吗？”大家沉浸在发现小舞台的喜悦里，议论纷纷。

“可是我感觉这个小舞台有点破。”琳琳轻声的一句话，再次引发了大家的共鸣与讨论。“怎么把空地变成小舞台呢？”“你希望小舞台变成什么样子？”“地面上那些生锈的铁罐要怎么办？”

一、小舞台的诞生

孩子们困惑多多，于是我们对小舞台进行了调查。孩子们和爸爸妈妈、老师一起，在网上收集了很多资料，对小舞台的设计有了自己的想法。

有的希望舞台旁加上像裙子一样漂亮的布，有的提议加上亮闪闪的、在阳光下会发光的彩带，有的认为舞台后面的栏杆上可以贴上表演的照片，有的建议把生锈的铁罐用油漆刷一刷……

1. 搜集材料

根据设想，我们迫不及待地开始搜集各种材料。材料带给孩子们无限的想象和创意，更激发了设计与建构的欲望。

2. 问题解决

刚开始没多久，幼儿在尝试中发现：架子没立多久就倒了。搭建小舞台架子的竹竿站不直怎么办？

熙熙猜测：“竹竿太细了，太瘦了。要往下面插一插。”

墨墨跑到旁边看了看树，对比询问：“老师，是不是我们的洞太浅了？你看大树的根那么深，它才不会倒。”

孩子们决定挖一个深一点的洞，可自己力气太小了，就请芮师傅来帮忙。多次尝试后，我们终于把小舞台的架子搭好了。

3. 布置小舞台

大家自行选择工作。女孩们不停地感叹：“太漂亮了，会发光哦！”“好像要结婚了！”熙熙嘱咐道：“亮闪闪的彩带一定要轻轻地挂上去！”

经过投票，小舞台有了好记的名字。

4. 罐子涂鸦

大家合作给破破烂烂的铁罐穿上了漂亮的“新衣”，平时总是很害羞的恩恩主动跑来问教师：“我棒不棒？”

教师反思

经过不懈的努力，小舞台诞生了！

幼儿努力从直接的感知、实际的操作和亲身的体验中获取经验，在不断地坚持与解决问题中，成为这个环节最积极的参与者与建构者。

教师是幼儿构建知识的积极促进者和引导者。在小舞台诞生的过程中，教师看似“隐形”了，实际却是不可或缺的。教师在背后提供了很多强有力的支持：抓住幼儿发现空地可以成为小舞台的最初想法，倾听幼儿最初的建构设想，通过调查表引导幼儿了解小舞台，鼓励幼儿去发现和搜集身边可以使用的材料，帮助幼儿按照其想法去布置小舞台等。教师鼓励幼儿表达自己的心情、愿望及对事物的认识与感受。教师为幼儿搭建“脚手架”，让幼儿在师幼间、幼儿间、幼儿和家长间的交流互动中主动学习，在实际的舞台建构中形成新的知识框架。

幼儿园的环境创设要尊重幼儿的学习特点，体现开放性、互动性、挑战性等特点。它可以是一个探索性的游戏场，如教师准备的粗略的环境框架——“一块空地”。环境的“未完成”时时刺激、吸引幼儿，他们不断卷入、磨合、创生和完善，持续创编出更灵动丰富且兼具儿童性的小舞台。

二、小舞台的演变

1. 转折点（思维的火花）：“我能不能在看表演的时候吃爆米花？”

一天，小叮当在看新秀小舞台的表演时，突然问：“老师，我能不能在看表演的时候吃东西啊？”教师问他：“你想吃什么？”他笑着说：“妈妈带我去看电影，买的爆米花太好吃了。”说完，他舔了舔嘴巴，口水都要流下来了。

教师突然意识到，在熟悉了小舞台的表演后，“看表演时能否吃东西”可能会成为新的游戏热点与转折点。分享讨论环节，这个带着生活经验的奇思妙想，果真像一道光点亮了大家的热情。

2. 讨论：看表演的时候能吃爆米花吗？还能做什么？

大家交流了各自的想法。彤彤强烈推荐她喜欢的粉色饮料，梓梓也推荐了他和爸爸都喜欢的加冰可乐，琳琳和昕昕则提出了不同建议，他们觉得果汁和酸奶是更健康的选择。

孩子们讨论着，大家又梳理出了小舞台服务项目。

3. 搜集、整理材料

大家再次搜集材料，特别是“回收站”里的“宝贝”。孩子们将物品分类整理，讨论、确定价格。“卖货小推车”集结完毕。

4. 小舞台服务项目的演变一：“卖货小推车”

大家有了卖薯条、爆米花和薯片的小推车，卖可加冰的饮料、果汁和酸奶的小推车和卖娃娃的小推车。“卖货小推车”深受“顾客”欢迎。

同时，幼儿也展现出令人惊喜的变化：小班的弟弟妹妹们知道了买东西要排队，学会了礼貌用语；小妤发现了“交换的智慧”：当钱不够时，可以用薯条换玩偶等。

5. 小舞台服务项目的演变二：“零售花店”

妍妍轻声告诉我，她也想当“老板”。教师以“今天‘老板’满了，明天再来”为由拒绝她，并忙着为其他幼儿提供帮助。妍妍坚定的当“老板”的信念，指引着她不断观察、思考，“催生”了新的小舞台服务项目。

妍妍将材料柜里的花放在篮子里，边走边小声说着：“有没有人要花？”琳琳看到了，走过去询问：“你在干什么呀？”交谈中，妍妍真的当上了“老板”。经过集体的分享，妍妍的“零售花店”正式开张了。

6. 小舞台服务项目的演变三：“外卖快递”

听了妍妍的介绍，本想把“红军包”带回家的桐桐，突然询问：“那我也可以卖东西喽？”“对呀，当然可以。你想怎么卖？”“我能用红军包吗？把东西都装在包里。”“当然！”

“跟风而上”的桐桐以卖出第一罐牛奶开启了他的“外卖快递”业务。

7. 小舞台服务项目的演变四：“寄存小站”

文文放在口袋里的扇子，在经过骑行、买爆米花、看表演等娱乐活动后，突然消失了。大伙儿自发帮他寻找，可还是没找到。

文文十分郁闷，大家讨论无果，一整周都在寻找解决办法。

超市的寄存柜给了大家灵感。周末和妈妈一起去亲身体验、掌握了“丰富经验”的墨墨，首先承担起了“寄存小站”的服务员一职。

“寄存小站”一开张就吸引了大批顾客。文文的脸上也重新露出了笑容。

教师反思

有人说，如果我们能用最快的时间教给孩子知识，一定会节省大量精力，但其实，儿童的学习不需要也不应该过早地进入成年人的符号学习里去。小舞台的演变、慢慢延伸出现的服务项目就是幼儿不断学习的过程与结果。在真实的问题情境下，幼儿与生俱来的强烈好奇心指引着他们不断自我探索，在互相讨论中，他们深度学习，解决问题，创造出自己独有的表达方式。

三、巡游表演

1. 源起：周末去了迪士尼

有一次，大班的姐姐主动分享了周末去迪士尼的愉快时光，打开了大家关于迪士尼巡游表演的话题。

2. 讨论：迪士尼的巡游表演有什么

根据幼儿的介绍和网络上的花车巡游录像，大家总结了表演的特点，更激动地发现，毕业典礼上的表演与之有很多相似之处。

“但我们没有花车，也没有长长的路。观众呢，他们在哪里？”“我们不是也有车吗？早上还骑过呢！也经过了长长的路啊！”

一个大胆的想法产生了：我们也来一次巡游表演！

3. 行动 1：装饰花车

大班的哥哥姐姐们将自己的想法告诉了小班

的弟弟妹妹们。令人感动的是，弟弟妹妹们主动承担了装扮花车的任务，用了整整两天时间将花车装饰好了。

4. 行动 2：排练

（1）解决“巡游表演队形”的问题。

巡游表演时，如何不被车子绊倒又能方便地展示呢？

在多次尝试和排练讨论中，大家总结经验：人和车要互相等一等，利用眼睛的余光观察队形，队形可以是人在前车在后、车在前人在后和人包围车等。

（2）解决“巡游表演路线”与“公主换衣服的地方”的问题。

最终，大家确定了巡游表演路线：从高处招手，再从滑梯下来，巡游过跑道，最后到小舞台上。另外，还为女生安排了更换衣服的隐蔽空间。

5. 行动 3：制作演出票，向小班弟弟妹妹们宣传

大班哥哥姐姐们精心制作了演出票，并发出诚挚邀请：“今天下午 3 点，欢迎来看我们的巡游表演。我们会穿很漂亮的衣服，表演也特别精彩！”小班幼儿早早做好了准备，下午的点心吃得特别快。

6. 巡游表演开始

当天，大班的哥哥姐姐们全力展现了自己的排练成果。弟弟妹妹们喝着饮料、吃着爆米花，格外开心。他们忍不住跟着跳舞，并送上了买来的花和饮料，还偷偷准备了幼儿园科技节里的实验表演。

巡游表演格外成功，不时传来阵阵掌声、欢呼声和惊叹声。大家尽兴而归，恋恋不舍地讨论着，一出门就激动地告诉了家长。

教师反思

儿童的发展不单纯指向认知，而是包含多方面的。其中一条就是“认识自己”，认识自己的能力、性格、特点、优势、弱点等。在认识自己后接纳自己，逐渐能够“努力想办法去达成我想要的状态”“想办法和大家一起解决问题”。

在“巡游表演”这个环节中，幼儿分析了已有的条件，确定想要达到的目标，在教师的帮助下，努力和大家一起想办法缩短现实和理想的差距，最终完成了自己的巡游表演。

幼儿在不断地自我建构中获得自信，教师也在倾听、鼓励和指导的过程中获得了滋养。

四、新的发现

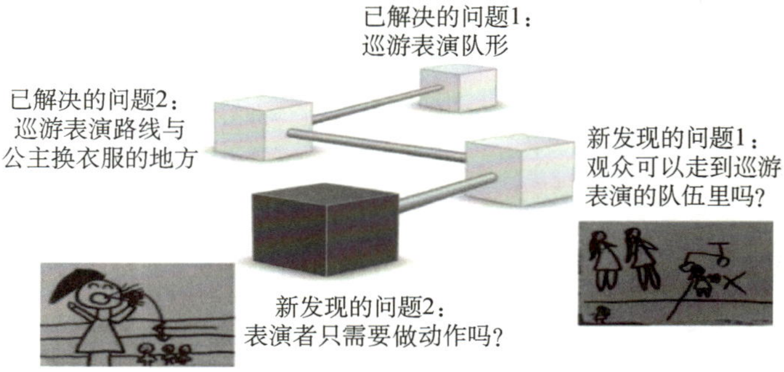

五、活动反思

“新秀嬉戏谷”中小舞台的诞生、演变与巡游表演是一个长期的过程。它是已完成的，是正在进行的，也是未来会在回顾复盘中继续前进的一个微课程。

活动的进行跟随幼儿的兴趣，从幼儿发现空地，到小舞台诞生，逐渐有了“卖货小推车”“零售花店”“外卖快递”“寄存小站”等服务项目，展示了小舞台演变的一种可能。

整个活动为幼儿提供了一个学习的游戏场。（1）幼儿的人际交往能力获得极大的提高。幼儿学会了礼貌地沟通，遵守规则，与同伴友好相处。（2）幼儿提升了思维的敏捷度，学会了如何解决问题。（3）幼儿增强了自信。在不断增强的成就感、体验感中，幼儿真正感受到自我的能力，即“我有能力去达到我想要的状态”“我能和大家一起去努力想办法解决问题”，以及未来更“敢于尝试一定难度的活动和任务”。（4）幼儿感受美、表现美、创造美。每个幼儿心里都有一颗美的种子。在欣赏不同的舞台样式、感受巡游表演的过程中，教师为幼儿创造了条件和机会，丰富了幼儿的想象力和创造力，引导幼儿用心灵去感受和发现美，用自己的方式去表现和创造美。

“新秀小舞台”为教师尊重个体差异、提供支持构建了可操作的弹性空间。不同个体在教师支持、同伴互助的轻松氛围中获得了经验的提升。

本活动中也存在着不足：教师很难每时每刻都关注到每位幼儿；幼儿出现的新的思维点，教师不一定能敏锐地发现；有时教师也会过度干涉幼儿活动……教师需不断反思、复盘与学习，给予幼儿更合适的指导。

玩转水塔

小班幼儿前期已经对科学区中各种材质的小鱼进行了浮与沉的探索，但最近几次的区域活动中，教师发现现有的操作材料已不能满足幼儿的需要，基于幼儿日常生活中的认知特点和已有经验，教师投放了新材料矿泉水瓶水塔，吸引了幼儿的视线，多彩而生动的故事由此展开。

一、初探水塔奥秘

圈圈和乐乐选择了科学区“小鱼游起来”的游戏，他们很快就发现了新投放的矿泉水瓶水塔。

“这是什么？”圈圈拿起水塔看了看，小眼睛还凑到水塔的洞洞里张望。

“这像个望远镜，下面有个洞洞呢。”乐乐听了，也拿起水塔当起了望远镜。

圈圈把水塔放入塑料筐子里，将小鱼放在水塔中，尝试着像之前探索小鱼沉浮时一样，往水塔中倒水。一开始还挺成功的，小鱼也游了起来。随着水塔中的水越来越少，小鱼也游得越来越低了。

乐乐看了说：“你的水倒太少了，我再来倒一点。”说着，她向水塔里倒水，可是倒再多的水，水都会“溜跑”，两个人都觉得很疑惑。这时教师提醒道：“水怎么都不见了呢？能不能想想别的玩法呢？”于是，圈圈和乐乐又尝试起了其他的玩法。

教师反思

活动中可以看出幼儿对于水塔这个新材料十分感兴趣，他们始终在尝试探究新材料的使用方法，具有很强的主动性。

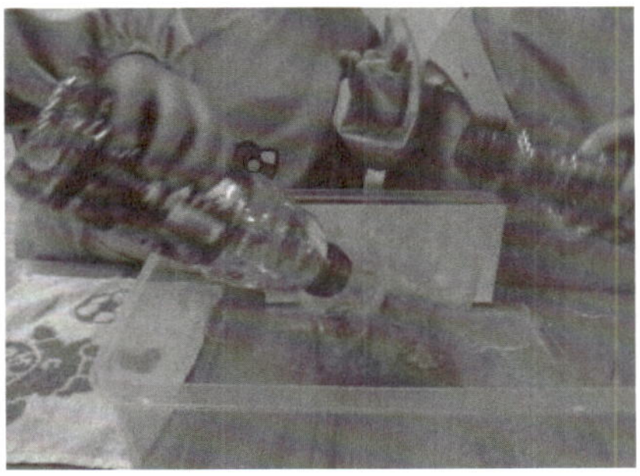

二、探索小鱼沉浮

圈圈和乐乐又玩起了“小鱼浮起来”的游戏，突然圈圈指着矿泉水瓶水塔说：“这个下面有个洞洞，上次我们玩的时候，水会不会都从洞洞里逃走了呀？”他给水塔倒了一点水，仔细地观察洞洞。

“你看，水真的从洞洞里逃走了！”圈圈激动地喊了起来。

教师：“哇，看来你们有了新发现！或许你们可以试试看把这个水塔放在我们收集的切开的矿泉水瓶子上面。”听了教师的建议，乐乐把洞口朝上的水塔放在了4个切开的矿泉水瓶子上面，一个两层的水塔建好了，然后又把小鱼放在了底层的矿泉水瓶中。两个人尝试从洞口倒水进去。

教师：“注意哦，你们的水都倒在外面了。”

圈圈求助说：“这个洞太小了，对不准。”

教师：“有什么方法可以解决这个问题呢？”

乐乐：“我觉得这个有点像我妈妈在家里用的小漏斗。”

圈圈：“那我们把它倒过来试试。”

教师：“这真是个不错的办法，赶快试试吧。”圈圈把水塔洞口朝下摆放，这一次水成功地流进了矿泉水瓶子，小鱼游起来啦！

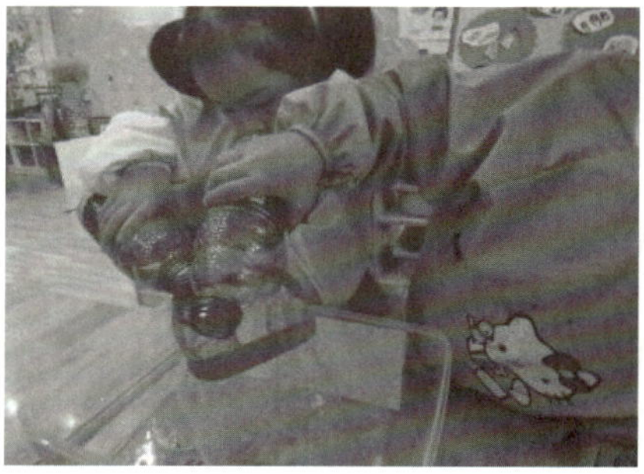

教师反思

教师的鼓励与引导让两个幼儿对于材料的探索都有了积极的表现，即使遇到问题，他们也能主动想办法解决。可见，幼儿是有能力自己提出问题并解决问题的，不断探索求证的过程正是幼儿坚持性和专注性的表现。

三、两层水塔体验

圈圈一次次地往二层水塔中倒水，乐乐问："为什么有的矿泉水瓶中的鱼游得高，有的矿泉水瓶中的鱼游得低？"圈圈看了会儿也说不上来，他们便来向教师求助。

教师："你们可以试试调整水塔的位置，看看有没有什么新发现。"

于是，乐乐和圈圈尝试调整水塔的位置，过了一会儿，原来游得很低的小鱼游高了。试了几次后，圈圈说："我发现原来水塔的洞洞对准哪里，哪里就会有很多的水，鱼儿就可以游得很高！"为了验证这个猜想，在接下来的游戏时间中，圈圈和乐乐开始多次调整水塔的洞洞，让每一个矿泉水瓶中的小鱼都浮出水面。

在活动后，教师组织幼儿进行了交流，引发了孩子们新的思考：水塔只能搭两层吗？能不能再往上搭呢？追随幼儿的兴趣，教师又在科学区投放了更多的水塔，供幼儿操作。

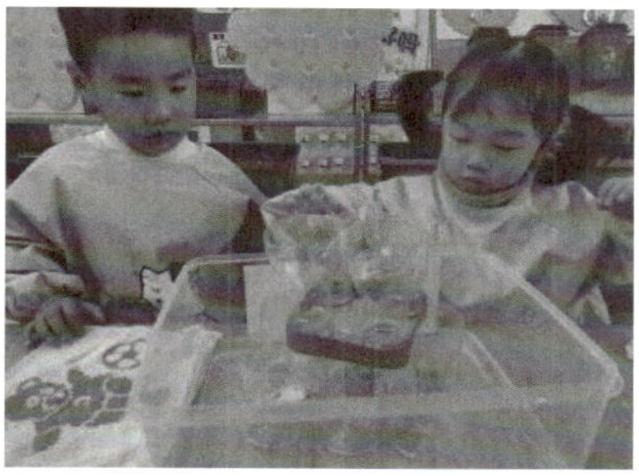

教师反思

1. 教师提出假设，让幼儿验证猜测是科学探索游戏的途径。教师的引导让幼儿知道，遇到困难时，自己解决才是克服困难最有效的办法。幼儿在不断调整、验证、猜想的过程中学会了独立思考，表现出独立解决问题的能力。

2. 在活动中教师能做到有效追随，通过活动后的经验分享环节了解孩子需要，及时反思并调整材料的跟进，促进游戏更有效地开展。

四、多种材料尝试

在游戏中，孩子们把水塔一层层垒起来，搭了一个三层水塔。

教师鼓励道："搭得真高，这次你们还能让下面的小鱼游起来吗？"

"当然可以咯！"浩浩自信满满地回答道。

有了之前的经验，大家调整了几次水塔的位置就让所有小鱼游了起来。

这时，鑫鑫说："除了用矿泉水瓶子，我们还可以用什么材料搭水塔呢？"

教师："你们可以一起去材料收集站找一找。"

孩子们很快就找来了各式各样的材料，有水果网套、丝瓜筋、卷纸筒芯、积木、海绵等。在尝试过不同的材料后，孩子们发现有洞洞的材料才能让水顺利地流进去。

教师反思

1. 教师根据幼儿游戏的情况，在幼儿的最近发展区内，适时提高游戏难度，以提高幼儿探索和学习水平。幼儿有了之前活动的经验，三层水塔很快就挑战成功，这体现了他们学会了对已有知识的迁移与运用。

2. 一成不变的材料会使幼儿失去兴趣，因此材料要具备变化的特点，适宜的操作材料能引发幼儿的探究欲望。在新材料的探索中，幼儿能够根据自己的意愿寻找替代物，充分体现出幼儿的主动性、参与性，通过他们的探索也能看出幼儿的游戏水平比之前有明显的提升，幼儿游戏的目的意识很强。

五、活动反思

幼儿在探索区域材料的过程中，能够对出现的问题进行独立思考，展开想象力，结合生活经验提出合理的假设，并通过动手操作来验证这一假设。幼儿的发展体现在以下方面。

（1）主动性：当幼儿发现“水塔”这个新材料时，能积极主动地探索新材料的玩法，非常专注。

（2）解决问题的能力：在活动中，当孩子们遇到困难时，尝试分析水流出来的原因，通过与同伴沟通，发现问题原因，进而调整水塔。从第一次尝试失败、遇到新的困难到最后的成功，整个过程中，孩子们能积极思考问题，尝试解决遇到的问题。

（3）反思能力：3—4 岁的孩子已经开始建立关于物品、事件及互动的心理表象，他们能够运用这些信息进行回顾和预测。在活动中，孩子们发现水总是流到瓶子外面，是因为洞口太小了，具有一定反思能力。

（4）探究能力：3—4 岁的幼儿能用多种感官或动作去探索物体，关注动作所产生的结果。在活动中，孩子们通过移动二层水塔，探索水塔移动对水流方向产生的影响，具有初步的探究能力。

（5）资源利用能力：孩子们尝试去资源收集站寻找可以搭建水塔的材料，由单一的操作材料，过渡到多维的操作材料，体现出一定的资源利用能力。

造船记

大班主题活动“中国娃”中，诞生了“运河”这一支线活动，在此次活动中，幼儿对运河中来来往往的船只产生了浓厚的兴趣。在参观运河并完成调查表“我喜欢的船”后，幼儿还在家里和爸爸妈妈一起制作了会动的小船。在玩船的过程中，他们突发奇想，想要做一艘能浮起来、能动起来的大船。于是，幼儿对真实的船的构造进行了调查研究，研究搜集的材料是否适合造船，通过自主的探索实践，开启了利用废旧材料造船之旅……

一、前期调查，寻找适合的材料

游戏前，教师和孩子们讨论了调查到的各种船，发现船分为船底、船舱、栏杆等部分，材质有塑料、铁、木头等。于是，孩子们到资源库中寻找材料，找到了纸板、塑料瓶、易拉罐、气泡膜等材料。

教师问：“这些材料都是造船所需要的吗？”

心心说：“不需要纸板，纸板沾到水会烂掉的。”

其他孩子也纷纷说道：“卡纸也会湿掉，塑料袋也不行……”

他们认识到其中一些材料不是造船所需要的材料，就把材料进行了分类，留下了塑料瓶、易拉罐、气泡膜这三种主要材料。

教师思考

“如何造船”不同于指向求知的科学问题，工程问题的解决是一个设计、制作和改进的过程，教师要引导幼儿在做之前进行设计和计划，使造船过程更有计划性、目的性。

二、探索实践，发现问题

问题一：要做多大的船

游戏前，孩子们画设计图时，提出了问题。

心心："我们要做多大的船？"

小宝："当然是很大很大的船。"

教师："很大很大是多大呢？"

小宝："很大很大就是能坐得下一百个人。"

心心看了看边上的水池，对小宝说："不行，我们的船不能太大，水池会装不下的！"

小宝："那水池到底有多大呢？"

心心："我们量一量不就知道了。"

教师："那用什么东西来量呢？"

心心："我们之前学过用尺量，我还带了卷尺来呢。"

他们拿着卷尺，先从池边量，但是很快就出现了问题：水池比较大，可尺子的长度只有 120 厘米。心心说："那就做个标记，最后加起来就知道到底有多长了。"他们带着记号笔和卷尺，沿着池边量了一圈，记录好后，他们却发现自己量错了，想知道中间能放多长的船，就要量水池两边最长的距离，而不是水池的一周长度，于是他们重新进行了测量。

很快，他们的设计图就画好了。这时，大家又有了新发现。

祺祺："我们需要确定船底的大小！船底太大的话，两头都会顶住水池，就不能动了。"

教师："那你们觉得做多大的船才合适呢？"

祺祺："我能坐在船里就可以了，那是不是比我的腿长就够了？"

大家一听，都觉得祺祺说得对，于是他们互相量对方的腿，比一比，谁的腿最长，

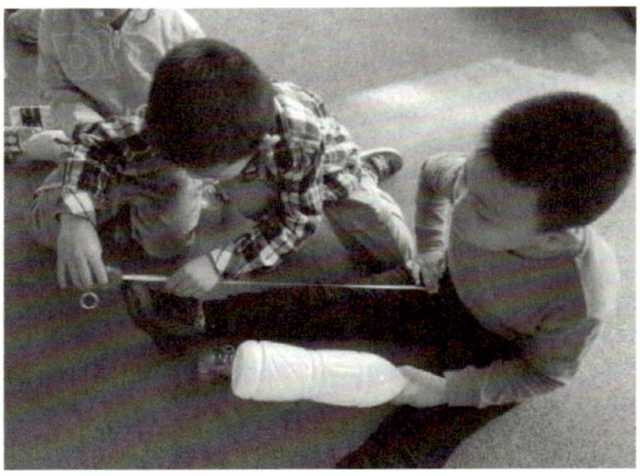

就做多长的船。他们将相同大小的瓶子排列成一排，粘好后就坐上去试了试。决定好船底长度，就正式开工啦！他们打算做得宽一些，于是在边上加宽，还尝试了几种瓶子的排列方式，对比出瓶底对瓶底的排列方式更整齐。他们从材料筐里找来了大小大致相同的水瓶，排成两排，用胶带粘贴起来，简单的船底就做好了。

教师思考

幼儿在前期调查中认识的船都是较大的船，而幼儿园的水池并不大，所以在游戏时对“船要做多大”产生了疑问。教师引导幼儿思考如何解决问题，幼儿通过测量水池的直径、腿的长度，得出船的长度要比水池的直径短、比腿的长度长的结论，利用大小大致相同的水瓶，排列成一个长方形的船底。在此阶段，幼儿能够有计划地设计图纸，基于已有经验和材料，制定造船的步骤，有了不小的进步。

问题二：船门关不上

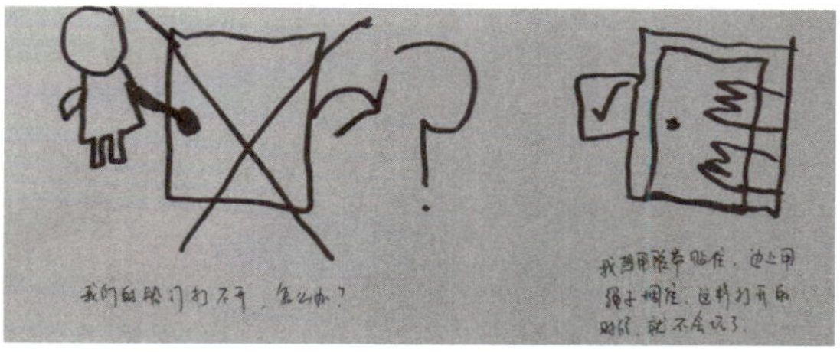

船的围栏已经组装完成，接下来就剩船门了，一开始否否把船门两边全都用宽胶带粘了起来。

茹茹很生气地说：“你把门两边都粘牢了，我怎么上去呀？”

否否解释道：“可是不粘起来，这个门会自动打开，它没有锁啊！”

大家发现，如果船门两边全粘起来，就无法通过门上船；如果只粘一边，船门又关不上，会自动打开。大家讨论后，决定做一个机关，让门能关上也能打开。

他们首先尝试用绳子来绑住两边的瓶子，中间打结，让门关上，下船时再解开。可是有些孩子不会打结。茹茹说：“我爸爸妈妈教过我打蝴蝶结，我来教你们。”通过茹茹的热情讲解，有的孩子已经能尝试自己打蝴蝶结了。

茹茹在围栏边掏了一个洞，将绳子穿过去，又在船门上也掏了一个洞，穿过绳子，将绳子收紧打结。她开心地说：“这样门就关上了！”其他几个孩子也陆续上船体验，仔仔有了不一样的想法。

仔仔：“你这个办法太麻烦了，上去一个人就要打结，下来还要解开，有没有不用打结的办法？”

教师：“我们身边就有很多种门，你们可以去观察一下，这些门是怎么开关的。”

之后，教师还建议孩子们带着问题回家和爸爸妈妈一起思考，动手试一试，在亲子互动中寻找解决方法。

在下一次活动时，仔仔说："我奶奶家里关鸭子的门就很简单，只要一根绳子套住杆子就关上了，要打开就把绳子拿掉，不用每次都打结了。"

幼儿开始制作船门开关，从船门上的洞中穿一根绳子，头尾打一个死结，形成一个圈，在围栏边粘一个瓶子，绳圈套住瓶子就能关门了。大船终于造好了！

教师思考

主动获取要比被动接受更有效，幼儿起初不会做船门的开关，在多次尝试、观察、调查中获得新的经验，并加以运用解决实际问题。幼儿在真实的学习情境下，发现、分析、解决问题的能力也在逐步提高；在共同的目标下，商量、合作、互助的意识越来越强烈。在探究过程中，教师应鼓励幼儿运用符号、图画、图标等各种方式进行记录，提高幼儿的表征能力。

问题三：大船浮不起来

大船终于完成了！大家将大船抬进水池，可是大船扑通一声沉入水底，没有浮起来，孩子们感到很疑惑，船为什么没有浮起来？

否否："是不是漏水了，所以浮不起来？"

仔仔："不对，水池底下是歪的，这边水少，那边水多，所以浮不起来！"

大家尝试着把船推到水比较深的地方，但是船还是没有浮起来。

萌萌："仔仔说得不对，水池才不会歪呢。"

仔仔不服气了："我才没有瞎说！我一看就知道了。"

大家问教师："老师，这个水池是不是歪的？"

教师："我也不知道，不如，我们来量一下。"

萌萌："好，我们去量一下，看水池里的水高度是不是不一样。"

萌萌找来直尺，把尺的一端抵住池底，贴住池壁，在水平面上画了一道标记，熙妍对萌萌说："萌萌你看，水在动啊，你记得一点都不准。"于是，大家都从水池里出来，等水面平静了，萌萌站在水池边测量，测量了四个方向，最后记录下的深度都不一样，最深的地方 15 厘米，最浅的地方 9 厘米，水池确实是歪的！

可是，大船在水池最深的地方还是没有浮起来，这到底是什么原因呢？

萌萌："好难呀，我们是不是失败了？"

教师鼓励大家再试一试："和之前浮起来的船底比一比，看看哪里有问题。"

心心："是我们做的船太重了吗？"

茹茹："我知道了！肯定是因为我们用了太多瓶子了。"

菲菲："我们以前的船底就一层瓶子，现在太厚了，直接碰到水池底了。"

仔仔："现在也不经常下雨了，把船顶拆掉吧。"

心心："那我们拆掉一些瓶子吧，让它变轻，把船先抬上来。"

大家觉得是瓶子太多，导致船体太重，船才沉下去，决定把船上的瓶子拆掉一些，减轻船的重量。在一次次调整、一遍遍尝试中，变轻的大船终于浮起来了！

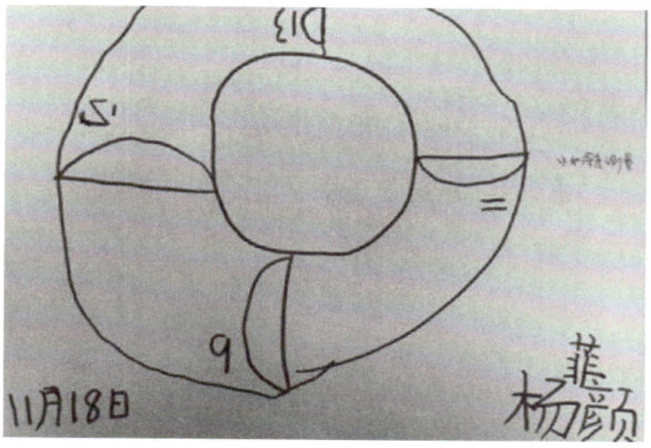

教师思考

面对新问题，幼儿有沟通、交流，有猜测、验证。但我们还要注重幼儿思辨、创新等学习能力的发展，引导幼儿进一步探索。猜想、验证等探究活动的特点之一就是记录表的使用。记录表是幼儿探究活动的框架支持，是教师引导幼儿运用实验、分类、观察、对比等手段系统地解决问题的帮手，验证记录则可以帮助幼儿总结自己的发现。活动中，幼儿通过测量、记录水池的深度来验证自己的猜想，解决自己的疑惑。

问题四：船划不动

大船浮不起来的问题解决了，这次幼儿决定登上船试一试。茹茹、菲菲等人都想先上船，几人争执起来。浠浠看着他们争来争去，说："那就一起上呗，可以挤一下。"于是萌萌和菲菲先上了船，他们一人拿着一只船桨，在水面上划起来，可是，船一点动静也没有。

萌萌："不行！不能两个人一起上来，船都划不动了。"

菲菲："是不是船被卡住了？"

浠浠："我试试。"

浠浠推了推船尾，船微微动了动，慧慧拉着船头，一个人推，一个人拉，大船在水中动了起来。

浠浠："船没有卡住，是你们两个人都在船上，太重了吧！"

菲菲先下船，看看情况。

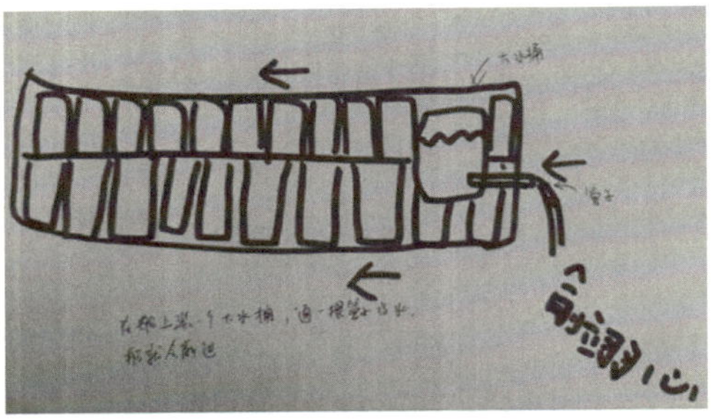

萌萌："好像有点浮起来了，但还是划不动。"

教师抛出问题："船要动起来，除了通过划桨，还有什么办法？之前你们和爸爸妈妈做的会动的小船，是怎么动起来的？"

菲菲："我爸爸在船后面做了一个会转的螺旋桨，给它一个动力，它就会往前走了。"

萌萌："我爸爸妈妈做了个船帆，靠风吹动起来的。"

浠浠："阳阳的最简单，船上放个瓶子，瓶子底下接一个水管，往瓶子里倒水，水就从水管里流出来，往后推，船就有动力往前走了。"

教师："这么多办法，哪个适合大船使用？"

心心："我喜欢阳阳的方法，最简单了。"

浠浠："我也觉得阳阳的办法最好，我们可以找个超大的瓶子来装水。"

说干就干，五个人分工合作，有的人找材料，有的人画设计图。他们找到一个油瓶，将上半部分剪开，方便装水，还找来了一根细细的 PVC 水管，在油瓶底部开了一个口子，连接水管，再用胶带把漏水的地方都包裹起来，就大功告成了。大家把大船放进水池，一个人在船边上往瓶子里加水，另一个人在船上用船桨划船，船终于慢慢悠悠地动了起来。

教师思考

幼儿对动力的认识尚不足以支持他们继续游戏，教师以开放性的问题引导幼儿进一步分析失败的原因，充分利用家长资源中已经出现过的动力知识，经验再现，支持幼儿继续探索游戏，促进幼儿主动学习。

三、活动反思

幼儿与开放性材料互动的过程是一个不断发现问题、解决问题的过程。在这次造船之旅中，幼儿围绕船的构造、船的沉浮、能动的船一系列探究活动，自主收集材料，制作能够载人的船。整个过程中，幼儿进行了观察、预测、记录与讨论，积累了一些探究技能。在真实的学习情境下，幼儿发现、分析和解决问题的能力有了明显提升；在共同的目标下，商量、合作、互助的意识越来越强烈。教师也在幼儿的造船行动中抓住教育契机，启发幼儿自主解决问题，促进他们对开放性材料的探究。

“大运河”边的引水渠

运河边实践活动结束以后，幼儿们决定在园内沙池里修建一条“大运河”。在修建的过程中幼儿们发现：沙池里缺少水源，而附近的水源相隔较远，于是，大家准备搭建一条引水渠来连接沙池和水源，从而解决“大运河”缺水的问题。于是，大家将搭建材料进行分类整理，引水渠搭建工程很快拉开了序幕。

一、设计引水渠

在搭建引水渠之前，教师与幼儿调查、搜集了引水渠相关的图片与视频，并讨论总结了有关引水渠的作用：解决水源稀缺问题，起到引水的作用。同时孩子们还了解到引水渠路线的规划是很重要的，于是孩子们来到沙水游戏场地上，组建了一支引水渠搭建小分队。

周周：“可以沿着小溪，在小溪里搭管道。”

俊俊：“可是沙池旁边有高高的围墙，怎么办？”

周周：“那个围墙的地方拿软管绕过去就好了。”

孩子们七嘴八舌地讨论过后，很快便确定好了引水路线，并由周周画出了初步搭建的设计图。

教师思考

幼儿对于搭建引水渠有着强烈的兴趣，在明确活动目标以后，他们自发地组建了引水渠小分队。为了进一步发挥幼儿的主动性，教师为幼儿提供了自由探索的机会，让幼儿拥有充分的时间探索引水路线，幼儿仔细观察引水渠所处地形，讨论确定每个地方所需要的材料并绘制引水渠设计图，在此过程中可培养幼儿探究与表达的能力。

二、搭建引水渠

1. 初次搭建：熟悉引水路线

一切准备就绪，引水渠小分队们开始搭建了。孩子们发现小溪的形状是弯弯曲曲的，想要按照小溪的轨迹来搭建引水渠并不是一件简单的事情。当他们遇到引水渠第一个转角时，便遇到了问题：“如何让引水渠按照正确的方向转弯呢？”孩子们尝试用不同方向的连接口衔接管道，但由于小溪的方向是弯弯曲曲的，他们无论怎么改变连接口的大小、长短，引水渠的方向偏差还是无法避免。

思若：“管道转不过来了！怎么办？”

俊俊：“这个管道太硬了，不会转弯的。”

教师：“那什么材料可以转弯呢？”

熙熙：“我知道了！软管可以转弯。”熙熙兴奋地将筐中的软管拿过来，并用连接头衔接起了一条长长的水管，很快“引水渠转弯”的问题便迎刃而解了。

教师思考

由于幼儿有前期经验准备，对于搭建材料比较熟悉，这为接下来游戏中深入学习做了良好铺垫。幼儿在搭建引水渠拐角时，能根据拐角的幅度来调整连接头的大小、方向，从而改变水流方向。在这个过程中，幼儿空间思维得到了发展，相互合作的能力也得到了提升。

2. 再次搭建：发现水流问题

弯弯曲曲的引水渠部分处理好了，引水渠后半段的搭建对于孩子们来说变得得心应手，他们相互配合，有的负责寻找合适的管道和连接头，有的则熟练地将管道连接起来。很快，引水渠便搭建完成了。着急的熙熙一边往管道里灌水一边喊着：“水流过去了！”可是他们发现水流并没有成功流向沙池，而是停在了中间某个地方，于是大家展开了观察与讨论。

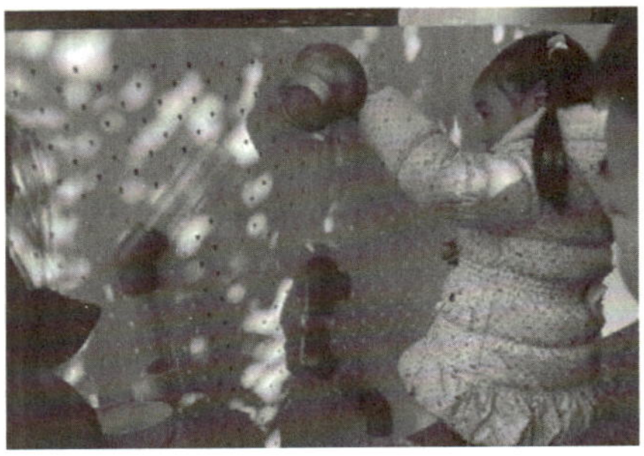

周周："水怎么在这里停下来了？"

俊俊："因为沙池旁边有高高的围墙。"

熙熙："引水渠太矮了，水流不过去了。"

大家通过一番讨论，发现了问题：引水渠位置较低，水很难越过高高的围墙流向沙池。教师顺势提问："那怎么搭建引水渠，水才能流出来呢？你们去拿小的水管试试看吧！"俊俊一边挑选管道，一边将管道固定在墙面上，他用连接头改变了管道的方向，接着将水倒入管道中，发现水只流了一半就停下来了，接着他又改变管道方向，在多次尝试以后，大家发现：无论怎么搭建和摆弄管道，水总是会从高处流向低处。

教师思考

游戏中，教师发现了问题但没有直接告知幼儿答案，而是通过提问的方式激发幼儿好奇心，让幼儿在探索过程中用自己的方式去解决问题。当幼儿发现水并没有从管道里流出时，就猜测引水渠的失败原因是引水渠所处位置太低了。为进一步帮助幼儿获得科学的真相，教师引导他们多次搭建出不同高度的水管来感知水流动的方向，最终总结经验：水往低处流。

三、改造引水渠

第一次引水以失败告终，引水渠小分队们马上投入改造引水渠活动中，并重新设计引水渠路线。孩子们围在引水渠四周再次观察和讨论。"我们要把矮的地方架高。"俊俊找来了支撑架将引水渠的尾端进行架高。大家发现：光是架高尾端，引水渠仍然不能顺利引水。如何使用支撑架来改造引水渠？孩子

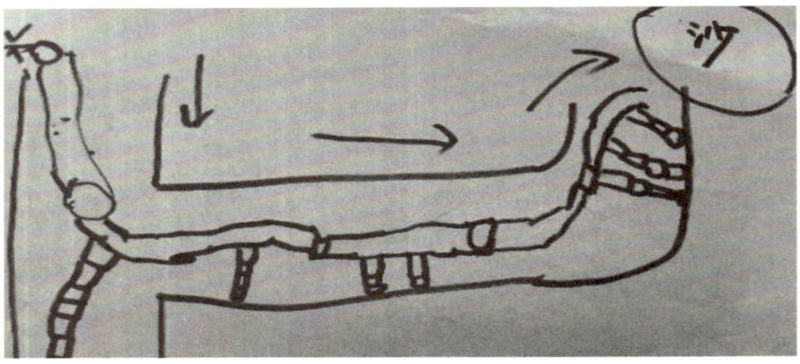

们开始了进一步探索。

1. 第一次改造：调整引水渠坡度

带着“水往低处流”的认知，孩子们开始了游戏。他们分工合作将引水渠的各个部分进行架高。

浩浩：“我们再试试吧！”

瀚瀚：“等等，这里是矮的。”

阳阳：“这里还需要一个支撑架。”

引水管道的细微高低差都可能会影响整个引水渠的引水功能。支撑架放置完以后，孩子们一边观察水流动的方向，一边调整支撑架的高低。在反复调整引水渠高低后，孩子们将引水渠与水龙头相接，源源不断的水从引水渠流向了沙池里，大家兴奋地喊着：“水流出来啦！”但是时间一长，他们发现水流变得越来越小，这是怎么回事？熙熙赶紧跑去查看情况：“水怎么都积在引水渠里了？”

周周：“这里的软管怎么掉下来了？”

熙熙：“硬硬的透明水管没有掉下来。”

浩浩：“软管太软了，水太重了。”

引水渠小分队们将软管重新接回，再次观察，他们发现：由于软管较软，支撑不住水的重量，容易造成断裂。教师鼓励之余提出问题：“虽然引水渠搭建成功了，但是不稳定，怎么办呢？”

熙熙：“我们可以多放几个支撑架。”

瀚瀚：“我们把软管换成透明水管不就行了吗？”

为了验证方法的有效性，他们分别进行了尝试。熙熙尝试在软管下面增加支撑架的数量，每加一个支架就请其他人帮忙加水来查看引水状况。

可当增加五六个支架之后，软管仍然会出现积水甚至断裂的情况。紧接着，瀚瀚找来了一部分透明水管，将软管部分替换成透明水管。“可是透明水管不能转弯啊！”思若提出问题，为了配合透明水管的引水方向，他们将一部分引水渠搭建在了小溪边，并重新调整支撑架的数量。可是他们发现引水渠仍不稳定，引水渠中的支撑架有时会翻倒，造成引水渠的断裂。

教师思考

教师作为幼儿游戏的支持者和引导者，需要不断地观察，判断是否介入幼儿的游戏，教师可以通过提问的方式激发幼儿的发散性思维，从而引发幼儿持续探究。在游戏中，教师首先鼓励了幼儿的积极改造行为，进而提出“引水渠不稳定，容易断裂”的问题，激发他们展开新的探索行为。

2. 第二次改造：提高支撑架稳定性

经过前几天的搭建和改造引水渠，孩子们发现被架高的引水渠仍然有些不稳定，他们感到有些气馁。教师为了激发大家继续探索的兴趣，及时介入游戏并通过提问的方式引导幼儿发现问题。

教师：“为什么引水渠变得容易倒了？是哪里出现了问题？”

浩浩：“是因为支撑架倒了。”

阳阳：“小溪里的支撑架放不平。”

教师：“为什么小溪里的支撑架放不平呢？”

教师继续提问：“你们觉得小溪底部和其他地面有什么区别呢？请你们用手去摸摸看吧！”孩子们感到很兴奋，争先恐后地用手摸着地板和小溪底部。

浩浩：“小溪底部是坑坑洼洼的。”

熙熙：“地板上是平的，我的手放上去也是平的。”

瀚瀚：“支撑架可以放在地板上。”

瀚瀚的提议得到了大家认可，为了保证引水渠支撑架的稳定性，孩子们计划改变引水渠的引水路线，他们试着将小溪中的支撑架放置在一旁的木板和草坪上，同时通过改变连接头来调整引水渠的方向。由于透明水管的调整方向有限，孩子们需要不断地将支撑架挪动位置，同时还要保证支撑架放置在平稳的地面上。最终，引水渠顺利完工，浩浩开心地说：“我们的引水渠像小溪上的一座桥。”被改造过后的引水渠，稳稳地将水输送到了沙坑旦。“成功啦！”“太好啦！”小分队队员们高兴地欢呼着。

教师思考

学习是一个复杂的过程，需要时间的积累。教师不能期望幼儿在短时间内就能探索和解决比较复杂的问题。第二次改造是为了提高引水渠支撑架的稳定性。幼儿在解决问题的过程中了解到：引水渠支撑架的稳定性与支撑架底部接触的面积有关，同一个物体接触到的面积越大则越平稳，凹凸不平的鹅卵石与平整的木板相比，接触面较少，容易发生倒塌。幼儿通过亲身实践、直接操作，自主探索学习，并验证了科学知识，获得了身心满足。

四、修建蓄水池

引水渠终于引水成功啦！修建“大运河”的孩子们都兴奋地跑过来取水。由于修建“大运河”所需的水比较多，引水渠的出水口处竟然排起了长队。大家发现：虽然离水源更近了，但是引水渠的出水量却远远满足不了“大运河”的修建。带着这个困惑，引水渠小分队展开了新的讨论。

思若：“我们要不拿个盆子放在这里接水？”

瀚瀚：“盆子太小了。”

浩浩：“如果我们有一个像水池这么大的盆子就好了。”

教师：“那我们就一起来挖一个水池吧！”

有了教师的回应与肯定，孩子们变得更加兴奋了。思若是一个比较有生活经验的孩子，她提醒大家：“我们要先挖一个沙坑，就像游泳池一样。”听完后大家都跑去拿来了挖沙工具，还邀请了“大运河”的小伙伴们一起加入挖沙坑的任务中。挖沙坑对于中班幼儿来说并不困难，他们能够熟练地将沙子挖起来，堆砌在沙坑的周围，并用铲子或手将沙坑的表面抚平。经过几次挖沙行动，沙坑已经初具模样。接着孩子们提出问题：光有沙坑，没有水可怎么办呢？

思若：“老师，水到沙坑里就不见了。”

教师：“那你们想想用什么材料可以储存水呢？”

针对这个问题，教师与孩子们展开了一次谈话活动。在活动中孩子们大胆猜测防水的材料，与此同时教师用绘画的形式将他们的猜测记录下来，最后孩子们通过投票选出了他们认为既防水又能搭建蓄水池的几种材料：塑料袋、野餐垫、桌布。

第二天，孩子们进行了材料搜集和初步筛选。为了验证材料的防水性，教师带领大家来到沙水区并提供了探究思路："你们可以任意选择材料进行探索，水壶、水池、小溪都是你们可以用到的工具，去试试吧！"大家分组行动，其中熙熙、阳阳选择了布，他们先是将布平铺打开，接着将布的表面打湿并进行观察，此时细心的浩浩发现，布湿了，水从下面流到地上了！

当探究结束以后，教师邀请大家大胆表述自己的发现。

教师："你们发现哪些材料是防水的？你们用了什么方法呢？"

瀚瀚："塑料袋是防水的！"

浩浩："我们把布举起来，然后浇水上去，水漏下来了。"

熙熙："我们把塑料袋套在手上，然后放在水里，手没有湿，所以塑料袋是防水的。"

思若："我们把野餐垫放在水里，它变湿了。"

在探索的过程中，大家运用正确的方法观察、比较材料的防水性，并且成功筛选出了防水材料：塑料袋。大家拿着能够防水的塑料袋来到沙坑处，用塑料袋将整个沙坑都铺满。熙熙一边铺着塑料袋，一边说："要弄紧一点。"为了防止塑料袋被风吹走，大家还拿来了石头围在蓄水池的周围。最后，经过大家的齐心协力，蓄水池总算完成啦！

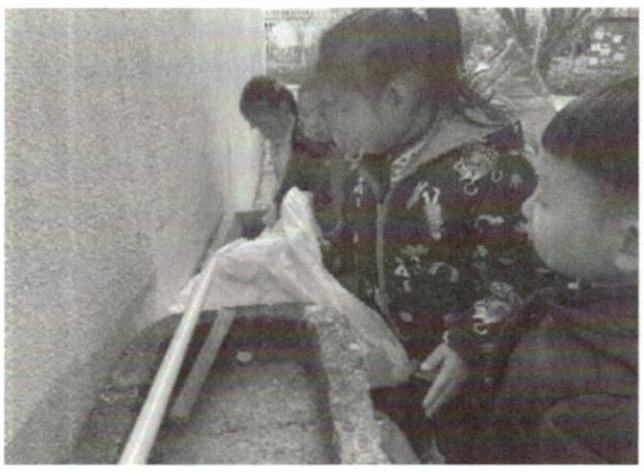

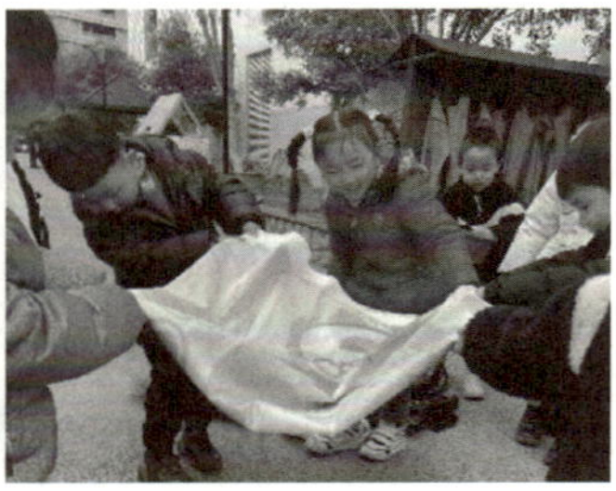

教师思考

对于幼儿来说，修建蓄水池最难的地方就是解决如何储存水的问题。中班幼儿有一定的生活经验，能够说出生活中常见的防水材料，为了让幼儿更加直观地感知材料的防水性，教师提供了充足的空间和时间让幼儿探索，游戏中幼儿共采用了以下三种探究方法：（1）用水壶淋水在材料的表面。（2）将材料完全浸泡在水里。（3）将材料包裹住手放进水里，观察手的情况。幼儿通过积极地实践探索，充分发挥了丰富的想象力和创造力，体验了探究带来的乐趣。

五、活动反思

在此次活动中，教师会适时“让位”，将问题交给幼儿自己解决。虽然一开始有些混乱，但是其中能力较强的幼儿能够通过已有经验，举例子、摆事实，说服同伴。幼儿在游戏中发现问题、分析问题、解决问题，得到了挑战性游戏带来的成功体验。

鸭子骑车记

游戏化活动是用游戏化的方式来开展幼儿园的一日生活，幼儿在情境当中学习，在行动当中学习，并从学习中不断获得新的经验。“鸭子骑车记”课程活动通过对游戏空间再造、游戏环境优化、游戏内涵增值，玩转出适宜儿童的游戏世界，赋予幼儿生命成长的张力。根据孩子的兴趣指向，我们将主题活动进行了区中区的规划，在浸润式主题研究和应用评估中连接课程内容，不断推动课程的走向和进程。

一、发现游戏问题，优化游戏环境

故事一：“安全路线图来了”

晨间锻炼活动中，孩子们领取了车棚里的小车，在跑道上自由驰骋。没过多久，有的车子相撞了；有的车子被随意扔在马路中央；有的随意停靠，影响道路安全。车棚里的车子随意停放，更是杂乱无章。出现以上问题后，孩子们对于堵车、撞车、乱停车的现象进行了深入的思考与分析。关于如何建立良好的骑车公约，大家发表了不同的看法。

致远：“骑车的人实在是太多了，我们就被撞了。”

航航：“马路上要有限速标记，这样

才能控制车速。”

浩浩：“要是有警察来维持秩序就好了。”

旭旭：“我们可以设计安全的路线图，这样就不会乱了。”

大家一致决定对游戏区进行大改造：利用设计路线图，设置有用的安全标记，开设驾校，进行角色扮演。

教师思考

在活动过程中，教师支持并肯定幼儿的想法，通过设计车道—开设驾校—角色扮演，唤醒幼儿积极思考并解决问题的能力，通过和材料、人员之间的互动，推动游戏深入发展。

二、链接幼儿经验，挖掘游戏深度

故事二：“驾驶证变身记”

根据前期的讨论与调整，最终孩子们对本次户外课程活动“鸭子骑车记”进行了区中区的规划，包括“YY 训练营”“YY 美容部”“YY 小剧场”“YY 外卖”。整个游戏以“小小快递员”角色为核心，借助视频影像、小小解说员、实地考察、调查统计等策略，制定出小小快递员的工作手册：(1）持证上岗，必须通过“YY 训练营”考核，领取“驾驶证”后方可成为“快递员”。(2)“快递员”与小卖部及时沟通，能看懂“快递单”。(3）吃苦耐劳，能在有限的时间将“快递”派件到指定的地点。经过一番努力，好不容易考上“驾照”，但总会遇到一些“小尴尬”，这可如何是好？

辰辰：“‘驾驶证’把我的车龙头勾住了，这可怎么办？”

博博：“要不我们不戴在脖子上？”

辰辰：“班级游戏区里有 PAPA 圈，我们可以做手环‘驾驶证’。”

教师思考

在快乐骑行区里，一张小小的“驾驶证”，幼儿视如珍宝。当游戏过程中遇到“小尴尬”的时候，教师支持并鼓励幼儿直视这种尴尬，让它成为幼儿继续进行游戏的动力。师幼互动时，坚持“幼儿在前，教师在后”的理念，鼓励幼儿多看、多听、多说、多思考，鼓励幼儿发现问题，尝试自己解决问题，引导幼儿不断地挑战自我。

三、倾诉幼儿想法，彰显游戏内涵

故事三：“交换 C 位”

1. 我们怎么换工作

孩子们渴望有一个交换空间、体验角色的过程，于是我们留出一天时间感受与体验“交换 C 位”。

彤彤：“交换 C 位，是不是游戏的时候可以和别人换啊？”

琪琪：“那我是不是可以去做警察呀？”

航航：“什么时候换？可以换几次？”

教师：“听你们的。”

新鲜又具有挑战的角色交换日点燃了孩子们的“哇”时刻，大家都非常希望交换角色。

旭旭：“一周开展几次交换日？”

琪琪：“一周一次可以吗？我好像不太熟悉别人的工作。”

彤彤：“可以让原来的好朋友告诉你如何工作。”

旭旭：“我们也可以问问原来的工作人员接下来要做什么。”

教师将孩子们的想法进行了记录，大家分组进行了讨论谈话、表征记录，制定了以下公约：（1）交换岗位需要双方都同意。（2）相互学习对方的工作。（3）交换之前先将自己的工作完成，如未完成也需要进行交接。

2. 设计安全标记

孩子们交换岗位后，工作更加乐此不疲了，也很珍惜自己交换来的工作，还不断地模仿、创造，分享游戏经验。

彤彤："这两天树叶不多，城市美容师能做其他的工作吗？"

教师："当然可以，老师喜欢你这么好学。"

彤彤："我想做安全标记。"

彤彤："我把安全标记挂在隔离带上，这样大家都能看见啦！"

学习不是被动地接受和机械地堆积，而是积极、主动地参与其中。

3. "菜鸟驿站"来了

交换日的推出让活动更加具有挑战性，但由于幼儿经验不足、材料使用不当、交流不顺畅等，交换日反而让游戏的节奏慢了下来，尤其是在"小小快递员"送货过程中，出现了送错货、积压货物、无人取货等问题。陶陶的爸爸就是快递小哥，陶陶主动提出回家问问爸爸怎么解决这些问题。第二天，陶陶带来了答案："我爸爸说，可以送到菜鸟驿站，这样送货速度会加快，而且不会送错。"从此"菜鸟驿站"就诞生了。

教师思考

在活动过程中，教师以幼儿的兴趣和需要为导向，引导幼儿思考、探究、分享和成长。

四、回归幼儿生活，探寻游戏真谛

故事四：“停车场来了”

1. 我们的讨论

每次游戏结束，“教练”总是反映小车停放不整齐，经过调查发现以下三种情况：（1）小车摆放东倒西歪。（2）不按小车种类摆放，浪费很多空间。（3）一些小车遗留在户外，无人归还。孩子们围绕“怎样把小车停放整齐”展开了讨论，开始寻求最适宜的停车方法。

辰辰：“我们可以收掉一些车，这样不会那么挤。”

航航：“拿走了车子，训练队会不够用的。”

纯纯：“给每辆车上牌照，停在车位上。”

萱萱：“购物公园停车场有小兔子、长颈鹿、袋鼠停车区。”

教师：“这个主意不错，你们觉得可以怎么分呢？”

庭庭：“按颜色分。”

浩浩：“按照车子种类分。”

教师：“那我们先试哪一种？”

最后大家举手表决，一致同意给每辆小车设置固定车位。做好停车场后，孩子们还为每辆小车设置了车牌。

2. 我们来投票

旭旭：“红色的车子太多了，按颜色分的话，有些排不下了。”

颜颜："两个轮子的放一起，三个轮子的放一起，四个轮子的放一起。这样两个轮子的车子就可以站起来了。"

航航："我可以提醒他们分类摆放，这样会不会快一些？"

分类停车的方法有按照颜色分和按照车子的种类分。孩子们对此话题讨论得如火如荼。

教师思考

在课程游戏实施的过程中，教师拥有清晰的目标意识是非常重要的。在设计游戏之前，教师需要思考，通过这个活动幼儿能获得哪些方面的发展？在"鸭子骑车记"课程游戏中，幼儿学会了给车辆分类、给车上牌、统计车的数量；整理车子的过程中，考验了幼儿与同伴沟通、交往、合作的能力。

五、活动反思

小小的骑行活动，让幼儿获得了体能、动作、沟通等方面的发展。

作为教师，我们要做的就是继续跟随幼儿的兴趣，充分尊重幼儿的想法和见解，给予他们充分的时间去尝试和探索，让兴趣成为游戏的"加速器"，让他们自由地在游戏中成长。

竹园春·笋

幼儿园里有一片竹林，孩子们很感兴趣。他们有很多疑问：竹子跟大树有什么不同呢？竹子也有年轮吗？于是，我们尝试着发掘和利用幼儿园里的资源，使课程进一步贴近生活、贴近大自然。

一、竹笋的“十万个为什么”

1. 石板下的小竹笋还会长大吗

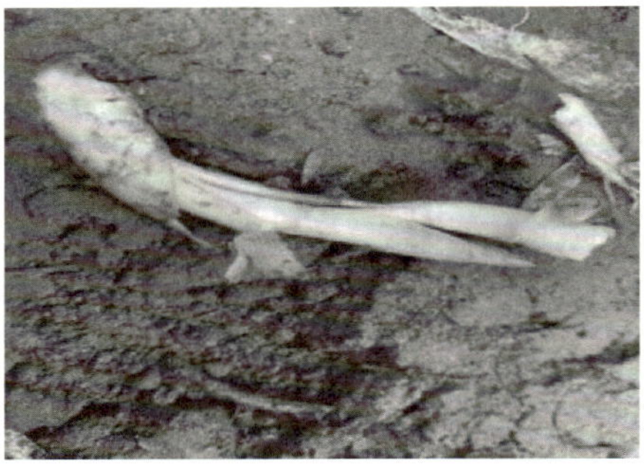

当睿睿经过竹林间的玩具器械区的时候，他停下了脚步，试图把器械往上抬起来一探究竟，可是单凭他一个人的力量抬不动，于是他请了几个小朋友来帮忙。当大家抬起器械的一刹那，他们惊呆了！

乐乐：“哇，下面藏着好多笋宝宝！笋宝宝是嫩黄嫩黄的，这些竹笋还会长大吗？”

欢欢：“这些石板下的笋宝宝会发生什么变化吗？”

回到教室，孩子们依然兴趣不减，进行了讨论。几天过去了，当孩子们再去寻找时，却发现上次看到的笋宝宝都枯萎了。通过持续性的观察，大家理解了竹笋的成长需要阳光、空气和水分，他们感受到了生命的奥秘！

2. 为什么笋宝宝会越长越多

有一天，一个小朋友告诉教师：“我上次看见这个地方没有笋了，可是今天又长出了三棵笋宝宝。”这一发现让大家都很好奇，前去查看，果然发现好多地方都长出了新的竹笋。

竹笋到底有没有越长越多呢？大家进行了定期观察。每组孩子观察一块区域，每次进行观察、计数、记录，5 棵、8 棵、13 棵……随着时间的推移，竹笋数量的变化一目了然。

接着孩子们查阅了资料，原来竹林里的竹子有很长的地下茎，茎上有很多的节，节上有根和芽。春天来了，天气慢慢变得暖和起来，地下茎节上的芽就会长大，人们称之为春笋。春笋刚出土时，土壤比较干燥，水分不足，因此，生长速度不快，有些芽还留在泥土中。一场雨后，泥土中有了大量的水分，吸足水分后，春笋会以惊人的速度长大。

前几天刚好下了一场雨，怪不得小竹林里的竹笋多了很多呢。

教师思考

春天的竹林是个神奇的地方，老师鼓励幼儿自主进行调查，让他们对笋有进一步认识。

二、拯救竹笋计划

户外活动的时候，孩子们发现很多竹笋都被破坏了，纷纷表示要保护剩下来的小竹笋。一场护笋行动开始了。

乐乐："老师，你快来，小竹笋被人破坏啦。"

西西："这里发现了一个坏的。"

小米："快来呀，这里也有坏的。"

毛毛："到底是谁呀，谁在搞破坏？"

1. 关于护笋我可以……

到底怎样才能保护竹林里的"小可爱们"呢？孩子们开始了热烈的讨论。

"我来站岗，专门看着小竹笋。"

"做一块牌子，在上面写上'这里有竹笋'。"

“用栅栏把小竹笋围起来！”

“在竹笋的旁边插一面小红旗。”

在观察竹笋的过程中，有不少孩子说不敢在竹林里走路，怕一不留神踩到了小竹笋，带着问题我们回到了教室。

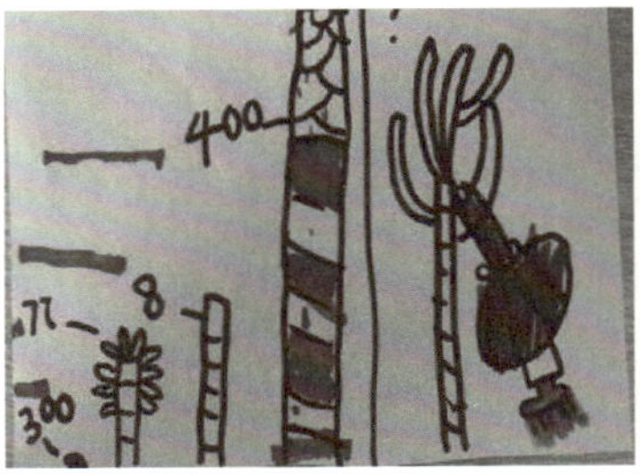

2. 警示牌的诞生

经过讨论，孩子们同意用警示牌来保护竹笋。

于是孩子们亲手将自己制作的警示牌插到了小竹笋的身边，这样一来，就不会有人因为没有注意到个头矮小的竹笋而踩到它们了，收工之后孩子们都非常开心。不过，在插警示牌的过程中，他们又有了新发现……

3. 竹笋中毒了

小铭：“老师老师，快来看，竹笋中毒了。”原来她发现了红色的蘑菇、红色的竹笋以及长得像土豆苗的野植物出现在竹林里。

天天："门卫叔叔刚刚告诉我，这些野蘑菇都有毒。"

小娅："这个红色的竹笋跟别的竹笋长得不一样，会不会有毒呢？"

萱萱："这个地上冒出的小小植物又是什么？"

孩子们分析下来，认为这一带的竹笋中毒了，那怎么办呢？

萌萌："新冠病毒防疫时要先穿好防护服，我们也去找件防护服穿吧。"

萌萌的提议立即得到了所有孩子的同意，大家纷纷找到绿色的"防护服"，穿好服装后，为了防止别人踏入有毒竹林，就去寻来了封锁线封锁现场，还为封锁区画上了一张警示牌。

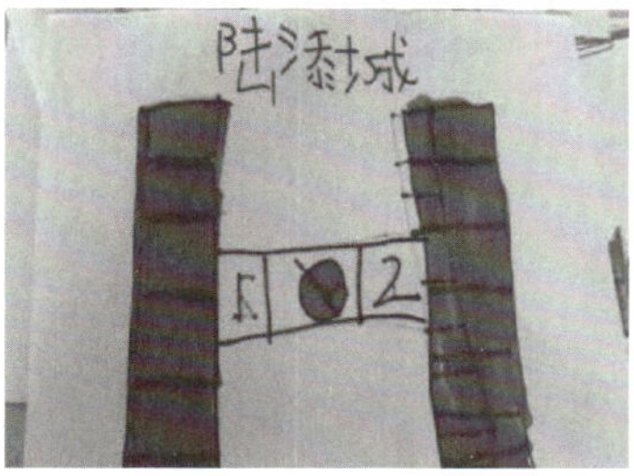

教师思考

孩子们遇到困难，首先想到向老师寻求帮助，但老师并没有直接告诉孩子怎么做，而是让他们自己解决问题。活动中通过提出想法、选择方法、确定结果，他们发现了最好的保护竹笋的方法，又通过大家的提问，以讨论、表征等方式记录下来。在对于中毒的竹林的讨论中，孩子们除了已有经验的分享：野蘑菇有毒、可能会携带毒气等外，他们在疫情防控期间积累的防御病毒的措施，也运用到了实践中，纷纷去寻找工具来布置隔离带。为了让隔离带更醒目，他们还一起制作了警示牌。通过活动，幼儿能将已有的经验归纳成策略，并运用到当下的活动中。

三、活动反思

小小的竹笋引发了一场妙趣横生的“竹”之旅。

活动中，孩子们在与竹笋的对话中学会了观察，他们乐于体验，勤于探索，敏于思考。此次活动激发了他们亲自然、爱生活的美好情感。教师鼓励幼儿思考并对不同的竹笋展开比较观察和连续观察，鼓励幼儿与竹笋互动，记录自己对竹笋的认知。通过活动，幼儿的合作能力也有了很大进步。

欢乐野餐会

虞永平教授强调，在实施班本课程的过程中，要让幼儿的思想看得见，让幼儿的学习看得见，让幼儿的经验看得见，让幼儿的愿望看得见。于是，我们在建构班本课程的过程中，将目光更多地投向了幼儿的体验和探索，从幼儿的经验和需要出发，尽力使班本课程的建构和实施更加科学、合理，让幼儿在课程中自然生长。

一、捕捉兴趣，生发游戏

在阅读绘本的过程中，孩子们对故事《第一次和朋友去野餐》产生了浓厚的兴趣，围绕绘本，大家进行了一些有趣的对话。

轩轩："露西和好朋友一起野餐了，我和爸爸妈妈也去过公园里野餐！"

可滢："露西带了很多好吃的东西，野餐还要铺一个大大的垫子！"

冉冉："野餐的时候我们也要像小动物那样，和好朋友一起分享！"

熠炣："我也好想再去野餐一次呀！"

我们利用发放调查表的方式，将孩子们有趣的野餐经历进行了记录和分享，想去野餐成了孩子们此刻最大的愿望。

教师思考

在课程生发的过程中，幼儿是创立者，教师应当追随幼儿的脚步，密切关注幼儿的兴趣和需要。此次活动，我们发现了幼儿的兴趣点所在，于是选定了“野餐”作为课程的主题。

二、自由讨论，准备游戏

1. 野餐材料的准备

孩子们首先关注的是材料的问题，野餐需要哪些材料呢？

慧慧：“要有一顶大帐篷！”

汐哲：“要有很多的食物，还要有烧饭的工具！”

昕岑：“需要一块大大的垫子。”

高高：“还要有篮子，可以装很多的东西。”

这么多材料，应该从哪来呢？

汐哲：“我家里有烧饭的东西，可以带来用。”

景烨：“我家里有好多盘子呢！”

经过讨论，孩子们决定通过角色游戏区里拿、家里带的方式收集户外野餐所需要的材料。

2. 游戏场地的选择

游戏材料准备完毕，利用散步休息的时间，我们一起在幼儿园里寻找野餐的绝佳位置。

滢滢：“我觉得应该离我们的教室近一点。”

南南：“我觉得应该找一个大大的地方。”

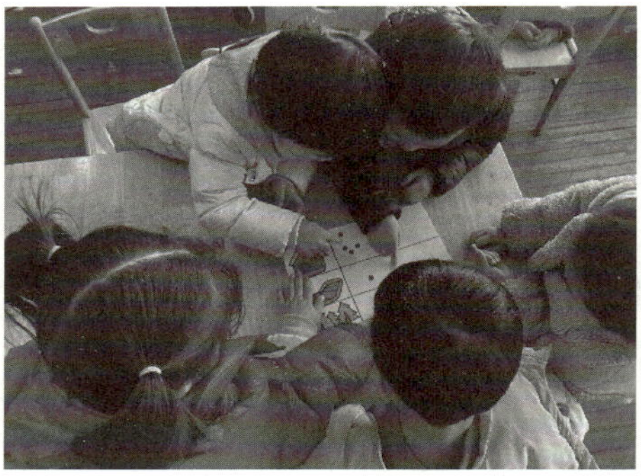

星澄："我想在小树林里野餐！"

通过投票，最终大家决定在教室门口进行野餐游戏。

教师思考

通过观察和讨论，幼儿逐渐确定了野餐游戏需要的材料和野餐的地点。在这一过程中，教师关注到了幼儿感兴趣的问题，鼓励他们主动探索解决问题的方法，同时帮助他们一起梳理解决方案，以获得更加全面的经验。

三、发现问题，开展游戏

经过材料收集、场地筹备等前期工作，孩子们终于开启了愉快的野餐会，他们有的认真烹饪着美食，有的和娃娃说着悄悄话，在帐篷里尽享快乐时光。

游戏结束后，孩子们一起讨论了野餐游戏中遇到的问题并尝试寻找解决问题的方法。

问题 1：烧饭的锅直接放在地上，不方便。

喆喆："我要弯下去才能做东西吃，有点累。"

炣炣："对呀，（锅的）下面要有东西垫着，把它变高一点。"

南南："心心收集的材料中有轮胎，或许它能帮助解决烧饭不方便的问题。"

在尝试中，孩子们发现轮胎太大，锅会从中间掉下去，炣炣想到在轮胎上面放个盘子，架起小锅，但是一旁的轩轩又发现盘子会滑来滑去，不稳。于是，我们请赵老师帮忙打孔穿绳，改造了轮胎，孩子们还给轮胎刷上了漂亮的颜色，把它变成了特别的小灶台。

问题 2：食物放得乱七八糟，不好整理。

嘉栩："我刚才想找一根棒棒糖，但是太乱了没法找。"

桐桐："因为吃的东西都堆在一起了，分开了就不会找不到了！"

大家对游戏材料进行了分类整理，整理后，游戏材料的收纳就方便多了，水果和水果放在一起，甜品和甜品放在一起。

问题 3：食物都是现成的玩具，大家制作食物的兴致不高。

轩轩："我想自己做点好吃的，这些都是做好的。"

一开始孩子们对制作食物的兴致很高，但是玩了一会儿以后，就没有了耐心，开始乱丢食物。

于是，我们对游戏进行了创新。孩子们用黏土做成了五颜六色的蛋糕甜品，还去小树林摘了各种叶子当作食物：红红的树叶可以当辣椒，黄黄的树叶可以当鱼干……一物多玩，一举多得。

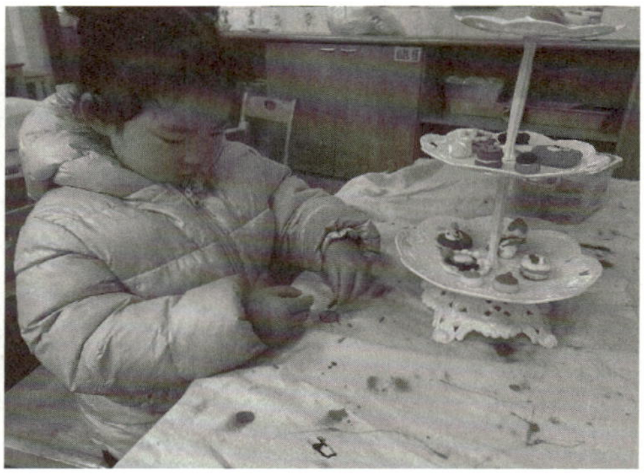

教师思考

在游戏中，教师注重每位幼儿的游戏体验，引导幼儿思考并尝试用简单的话语表述自己遇到的问题。在一次次的讨论交流中，幼儿找到了解决问题的方法，当自己能力不足以解决问题的时候，学会了适当向他人寻求帮助。教师在这个过程中，并没有直接给幼儿一个答案，而是陪同幼儿一起去探索。

四、畅想可能，拓展游戏

天气变得越来越冷了，冬天来临后，气温下降使得野餐会变得不那么适宜，我们欢乐的野餐游戏暂时要告一段落了，孩子们非常不舍。等到春暖花开，下一次野餐游戏时，你又想做什么有趣的事情呢？孩子们用自己喜欢的方式记录下了一些想法。

炣炣："我想天气热了以后，在野餐的时候开一家冷饮店，小朋友们就可以吃冷饮了。"

嘉栩："我觉得可以在旁边画画，把好玩的事情记录下来。"

慧慧："可以收集很多花朵，编成花环戴在头上。"

还有幼儿用积木建构的方式表达了自己的想法。

汐哲："可以做一个漂亮的风筝，我们就可以和好朋友一起放风筝了！"

梓晗："我想做一个可以分开也可以合起来的帐篷，分开以后一边可以翻过来，小朋友可以在里面玩蹦床。"

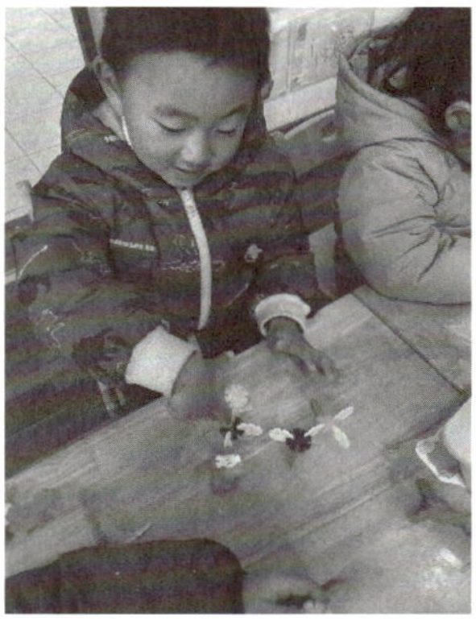

教师思考

在游戏中，教师尽量隐藏在幼儿身后，把主动权交还给幼儿。教师作为一名合格的观察者，要观察到幼儿的兴趣在哪里，幼儿在活动中需要什么，进而提供与之匹配的资源、方向和途径，为幼儿开展后续活动做好铺垫。

五、活动反思

在“欢乐野餐会”游戏课程实施的过程中，教师鼓励幼儿在游戏中根据自己的兴趣、运用已有知识经验选择游戏内容，引导其通过观察、实践等多种途径，主动与环境、材料互动，在游戏中建构起新的经验。

教师也在这个探索过程中体验到观察的意义，体会到等待的价值。教师应坚持站在幼儿的立场上思考问题，让幼儿成为课程的主人，自主地参与到课程的创设中来，这应当成为建设班本课程的不懈追求！

神秘的白壳壳

幼儿园拥有得天独厚的自然资源——小树林，里面植有上百棵树木，其中蕴含的自然资源数不胜数。我们积极引导幼儿亲近自然，自主生成了一系列的科学探究活动。

一、发现问题，点燃兴趣

早操过后，在一棵大树下围满了小朋友，他们七嘴八舌地指着树干上一个个小小的白色椭圆形壳壳在讨论："这个小壳壳是什么呀？""有的壳壳上有洞，有的壳壳没有，这是为什么呢？"教师将这些神秘的壳壳拍了下来，回到教室后，将拍摄的壳壳照片展示给全班小朋友看，引起了大家强烈的好奇心并引发了热烈讨论。

二、投票分组，同伴合作

乐乐："这些壳壳是树上的贝壳吗？"

天天："像很小很小的蛋，里面有小动物。"

教师："那怎么才能知道这些神秘的壳壳是什么呢？"

小苹果："每天去看看，等里面的东西出来就知道啦！"

天天："我们要合作，因为有好多壳壳呢！"

乐乐："我可以回家让爸爸查手机，都可以查到的。"

经过集体讨论，大家总结了两种探索方式——每日观察和查阅资料。大家推选出5位小组长后，全班进行投票分组。投票后进行每日观察的有3组树林观察组，进行查阅资料的有2组资料调查组，每个小组合作探索。

教师思考

教师要肯定幼儿的不同探究方法，满足幼儿合作探究的需求。同伴合作是进行深度学习的重要支撑，在合作探究的过程中，幼儿会不断产生认知冲突，引发同伴间的讨论，这可以让幼儿更全面认知事物，使探究活动更深入。教师要紧紧追随幼儿，根据幼儿现阶段的探究需要，在班级阅读区投放《法布尔昆虫记》《认识昆虫》《有趣的昆虫》等相关的绘本以及平板电脑供幼儿查阅。

三、自主探索，疑问百出

3组树林观察组在探究小树林时，对于怎么观察、怎么记录产生了许多问题。

问题1：好多树上有壳壳，怎么观察？

小可："好多树上都有，我们怎么观察得过来呀？"

小杰："我们可以在那些树上绑绳子，一看就知道！"

教师："怎么让大家记得自己观察过哪棵树上的壳壳呢？"

芸芸："树上绑不一样颜色的绳子。"

问题 2：放学后怎么观察？

乐乐："放学后我们回家了怎么办？"

教师："幼儿园里只有门卫叔叔晚上不回家。"

天天："那我们请他帮忙吧！可是我们不认识他怎么办？"

小可："我以前看过小熊帮忙的故事，可以说谢谢他，请他帮我们一下。"

问题 3：观察后怎么做？

教师："你们观察到了壳壳的变化以后，怎么做呢？"

小杰："告诉其他小朋友。"

小苹果："请老师给我们拍照。"

乐乐："画下来给其他小朋友看。"

3 组树林观察组在小树林中全面寻找后发现共有 7 棵树上有较明显的数量较多的壳壳，为了区分，他们用 7 种不同颜色的绳子系在这些大树上，进行分工观察。每组决定在早操、午间散步、午操时找到自己负责的树进行观察，考虑到放学后不在幼儿园的时候没有人可以观察，教师引导幼儿有礼貌地找别人帮忙，请求扫地阿姨和门卫叔叔帮忙。观察后每组分别用画画、拍照、捏轻黏土的方法记录，并每天写日期签到。2 个资料调查组通过师幼合作、亲子合作进行调查，在家长的帮助下通过画画、照片等方式呈现调查结果。

四、分享交流，同伴评价

经过一周的观察与调查后，5 个小组进行分享大会，交流各组的成果（表 2–2）。

表 2–2　各组成果展示

小组名称	记录方式	调查结果
树林观察组 1	拍照	白壳壳是小虫的家
树林观察组 2	画画	白壳壳是小贝壳
树林观察组 3	捏轻黏土	白壳壳是飞蛾的家
资料调查组 1	拍照	白壳壳是绿刺蛾的蛹
资料调查组 2	拍照	白壳壳是绿刺蛾的蛹

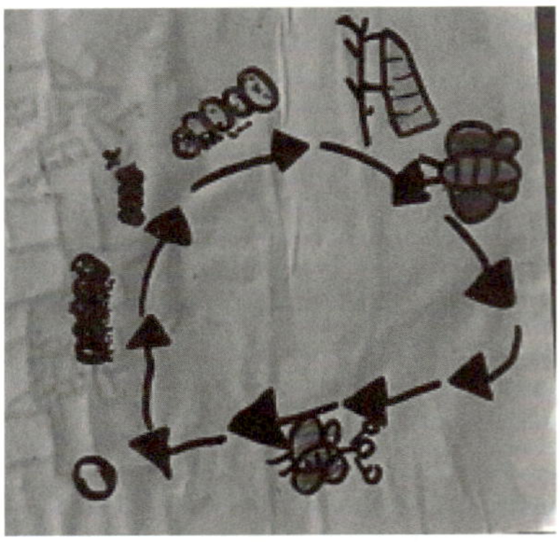

成果展示后，大家发现各组的调查结果不一样，于是开始了讨论与反思。

树林观察组 1：“我们觉得他们（资料调查组）不一定是对的，他们没有看到壳壳里的东西。”

树林观察组 2：“我们没有看到壳壳里的东西，他们（资料调查组）都知道是什么了，比我们知道得多。”

树林观察组 3：“用捏轻黏土记录的和看到的不一样，下次我们要拍照，拍照可以发现问题。”

资料调查组 1：“他们（树林观察组）看了这么久，还是不知道这是什么呀！”

资料调查组 2：“查阅资料最有用，马上明白这是绿刺蛾的蛹。”

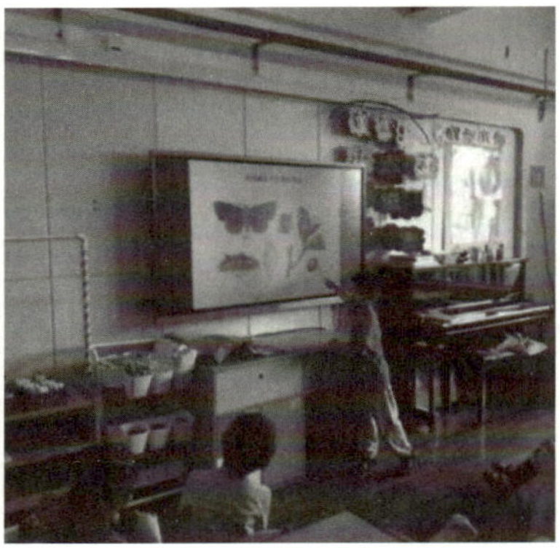

教师思考

教师要引导幼儿进行自我评价与反思，在这个过程中，幼儿会发现不同的记录方式和探索方式的特点。每次探究后，教师不应只重视得到探究结果，要有意识地培养幼儿的学习能力。

五、活动反思

整个探究过程中，虽然树林观察组没有得到正确的答案，但是教师注重的应该是过程而非结果。在探究过程中，教师要给予幼儿充分探究的时间与空间，让他们有机会利用操后、散步等碎片时间，化整为零才能最大限度地支持幼儿的深度探究。幼儿发展了多方面的能力，如分工合作、礼貌寻求帮助的社会性能力，通过观察用多种方式记录的表征能力，善于运用生活和一日活动中的已有经验并进行经验迁移的能力；学会运用身边的社会资源、自然资源等来辅助自己解决问题的能力；懂得评价反思、提出自己意见的批判性思维的能力等。

帐篷大作战

幼儿园开辟了很多种植园地，有的区域翻了土，有的区域运来了新的泥土。在沿河区游戏的时候，孩子们发现幼儿园里面新翻的土地堆成了小山坡，于是引发了一系列有趣的活动。

一、抓住教育契机，确立主题

小雨："哇！这边有一座好大好大的'山'啊！"

航航："我出去玩的时候也见过山，爸爸妈妈还带我在山上搭帐篷呢！"

乐乐："我在昆承湖野餐的时候也搭了帐篷。我还在里面吃零食、晒太阳、玩游戏呢！"

辰辰："我也好想搭帐篷啊，可惜这里没有。"

孩子们的兴趣点从"山"转到了"帐篷"，纷纷讲述自己搭帐篷的经历，以及对搭帐篷的憧憬。于是，我们延续了这个话题，展开了相关的调查和活动。

教师思考

幼儿在一日生活中经常会发生这样的偶发事件，作为教师需要敏感地捕捉教育契机，创造机会让幼儿的思维碰撞出火花。

二、进行调查讨论

1. 帐篷大调查

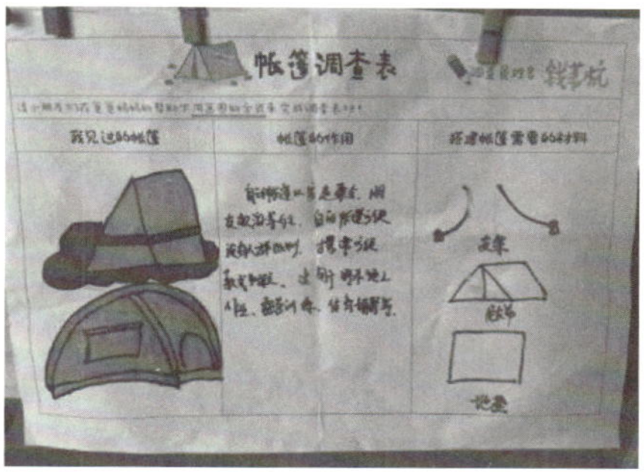

首先，我们通过家园合作完成帐篷调查表，了解孩子们对于帐篷的认识程度及是否有搭帐篷的经验，为帐篷的搭建奠定基础。

2. 帐篷大讨论

根据帐篷调查表，我们又进行了三轮讨论。以幼儿的已有经验为基础，带着孩子们认识帐篷外形，并用绘画的形式记录实际生活中见到的帐篷。从孩子的视角出发，确定了初步探索所用的材料，大多是幼儿熟悉的，如麻绳、树干、纸等，还准备了材料收集袋，方便幼儿能在材料的选择上进行调整。

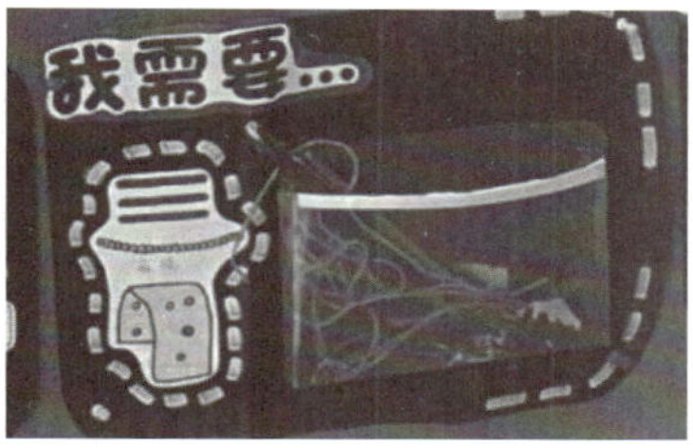

3. 室内初尝试

首先从幼儿熟悉的材料出发，根据幼儿的已有经验以及想象，初步体验帐篷的结构。在用橡皮泥做帐篷的模型时，他们发现帐篷不是每一个面都是封闭的，需要一个门可以让人进出。在用雪花片搭建帐篷结构时，孩子们又发现帐篷需要四根一样长的支撑条。使用筷子进行搭建时，孩子们不断尝试，调整固定筷子的方法，发现 3 根、4 根、5 根筷子都可搭建出帐篷的支架。

教师思考

幼儿使用的材料是逐层递进的，这也是经验积累的过程。不断地用不同材料进行尝试，让幼儿有了搭建帐篷的经验。由于孩子的能力存在个体差异性，在活动中，教师应鼓励孩子总结自己失败的原因，也请成功的孩子分享自己的小技巧，营造宽松、自由的环境，让幼儿不害怕失败，能积极、主动地继续尝试搭建活动。

三、开展搭建活动

1. 第一次尝试

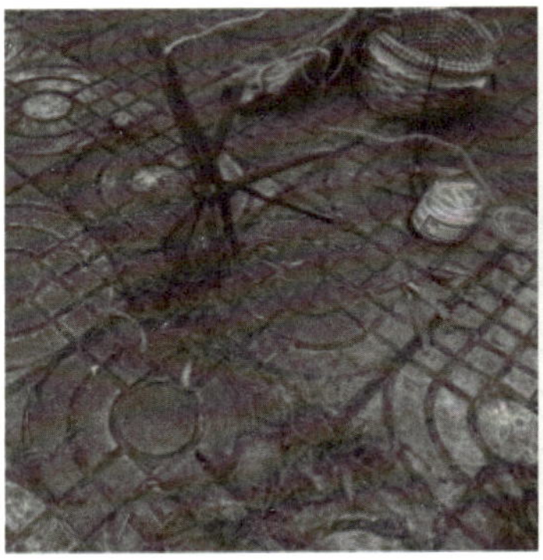

我们在这一次尝试中发现了很多问题。

（1）秋天的泥土干燥而坚硬，树枝无法插进泥土里，导致帐篷不稳定。

（2）孩子们用绳子打结出现困难。

（3）没有分工，大家对于自己的任务不明确。

2. 第二次尝试

第一次失败后，孩子们想了很多的办法。如：

（1）用剪刀挖孔来固定树枝。

（2）浇水让泥土变得松软，然后再固定树枝。

（3）用教室里的皮筋代替绳子。

在第二次尝试之前，我们制订了分工计划。有的孩子用手扶住树枝，其他孩子用皮筋固定住树枝。有的孩子就地取材，用石块压住树枝，让支架更加牢固。

教师思考

问题会伴随着幼儿的实践产生，作为教师，我们应该将时间、空间留给孩子去讨论和探索，教师可以用活动合作者的身份介入幼儿的讨论，一起选择那些具有可行性的解决方法。

3. 第三次尝试

孩子们决定要搭建大帐篷并且真正实现帐篷的作用，于是我们开始了第三次尝试。考虑到从帐篷的搭建到装饰需要用很多时间，我们重新进行了分组分工，请小组中能力比较强的孩子合作完成计划的示意图；同时在活动后帮助孩子总结失败的原因，有的孩子说树枝很长，用皮筋无法固定住，还是很难插到泥土里去。于是，大家收集了尼龙扎带、小铲子、蛋糕刀等工具，继续进行尝试。

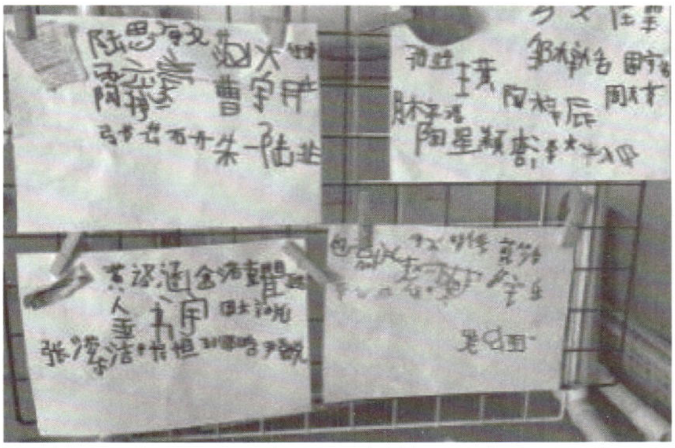

4. 第四次尝试

一些女孩子提出想给帐篷进行装饰，在参考漂亮的帐篷实物图后，孩子们也有了自己的想法，制作了帐篷设计图。孩子们对于美的追求是多种多样的，我们一起学习制作了星星、小旗、彩条等装饰物，在家长的配合下，还收集了丝带、纽扣、勋章等装饰物，帐篷变得越来越漂亮了。

教师思考

由于活动材料具有局限性，每个幼儿搭建的速度、方法不同，进展也不一样，应及时根据具体情况调整策略。

5. 第五次尝试

最后一次尝试增加了人与自然的元素。天气越来越冷，于是，有孩子在帐篷上放了一个鸟窝，让小鸟有休息的地方。其他孩子见状，纷纷利用双休日和爸爸妈妈一起制作出各种各样的鸟窝，固定到帐篷上。

四、活动反思

在帐篷游戏中，孩子们借助老师、同伴的力量，发现问题，解决问题，完成了帐篷的设计与制作。这个蕴含着爱、支持与创造的学习过程将我们紧紧地联系在一起。

本次活动建立在幼儿的兴趣之上，幼儿不仅认识了帐篷，学习搭建了帐篷，还动手制作了帐篷，孩子们的语言能力、社会发展能力、思维能力、动手操作能力等都获得了相应的发展。

我的院子我做主

在幼儿园的教育活动中，环境作为一种“隐性课程”，对幼儿的学习发展有着巨大的促进作用。《幼儿园教育指导纲要》中也指出：环境是重要的教育资源，应通过环境的创设和利用，有效地促进幼儿的发展。因此，在南院子的改造过程中，基于儿童视角，除了基础建设，其他均作了留白处理，给予了幼儿极大的创造空间，让他们真正成为院子的主人。

一、倾听孩子声音，挖掘课程资源

刚开学，孩子们对于新改造的南院子充满了好奇，时不时就要三两结伴跑进院子。

“你看，墙怎么光秃秃的呢？”

“墙中间的口子是门吗？”

“我知道那是廊架，我在公园见过。”

“我想去隔壁院子看看，这里都是小草，怎么没有路呢？”

“那我们就从小草上走呗！”

“要是天天踩在小草上，小草会不会死呀？”

“肯定会的！”

孩子们叽叽喳喳地讨论着。

突然，西西说：“我们可以铺条路嘛！”幼儿就铺路讨论了起来，直到走进教室还意犹未尽。于是教师说：“这个想法很好，老师支持你们在院子里铺路！”孩子们纷纷欢呼：“太棒啦！”

教师思考

一连串的讨论说明幼儿对于院子环境有很强的兴趣与探索欲望。教师要善于捕捉幼儿兴趣背后的价值，追随幼儿的兴趣与需求，把探索的主动权交到幼儿手里，引导幼儿积极探索，做幼儿的引导者与支持者。

二、链接生活经验，大胆修路创新

1. 设计心中小路

铺路用什么材料合适呢？大家开始讨论起来。

媛媛："可以用大积木铺木头路。"

小谷子："大石板路，走起来稳稳的。"

嘉嘉："铺一条弯弯的小石子路。"

萍萍："可以铺一条树叶路，边上围上小树枝。"

教师："你们设计的每条小路都很特别，那这些铺路的材料从哪来呢？"

西西："去外面找找呗！"

文文："去北院子找，那里应该有！"

2. 收集铺路材料

大家在幼儿园里寻找适合铺路的材料。很快，大家就发现野战营里有大石板，玩沙池边有很多大大小小的鹅卵石，银杏林有树叶与小树枝，于是他们互相合作，用篮子、小拖车等，在教师与保育员阿姨的帮助下，将铺路需要的材料运到院子里。

3. 尝试动手铺路

铺路材料收集齐了，就开始铺路啦！按照铺路设计图，孩子们有的铺设树叶树枝小路，有的铺设石子路，有的搭积木路，还有的铺设石板路。大家虽然满头大汗，却乐在其中。

三、现场诊断改造，探寻优化方法

1. 亲身实践体验

看着自己铺成的小路，孩子们的脸上露出了开心的笑容。教师引导大家上去走一走。轩轩刚踩上树叶树枝小路，脚下一滑，差点摔倒；星星走上石头小路，可是没走两步，鹅卵石就滑跑了，他只好蹲下来边走边铺；函函走上积木铺成的木头小路，刚走了两步，人就从木头上掉下去了，他尝试着将两手伸平，就这样摇摇晃晃地走到了终点；小谷子踏上了石板路，每走一步石板就不停晃动。

教师思考

幼儿身临其境时，感觉会更加敏锐，所获得的经验会更加深刻。教师给予幼儿思考、讨论的时间，并支持他们用幼儿园现有的材料进行小路的设计与实践。在这“想”与“做”的过程中，他们获得了鲜活的学习经验。

2. 现场诊断问题

教师：“走在自己铺好的小路上，你们有什么感觉呢？”

轩轩：“树叶树枝小路好滑，容易摔倒。”

函函：“积木小路太窄了，像是在走平衡木。”

星星：“石头小路的石子总是滚来滚去，我走在石板路上感觉像在踩跷跷板。”

嘉嘉：“院子里的路太多了，感觉像迷宫一样。”

3. 探寻优化方法

铺路是为了方便我们出行。教师提醒孩子们想一想，什么样的小路才能让大家的行走更方便，既不容易迷路，还可以平稳通过？

媛媛：“去掉几条路，少一点，就不迷路了。”

函函：“把石板掀起来，在下面铺些小石子可能就不晃了。”

轩轩：“在石板下面放木头垫着就不会摇了。”

熙熙：“用砖头把鹅卵石小路围起来，这样鹅卵石就不跑啦。”

教师思考

张雪门先生指出，从行为中所得的知识，才是真实的知识；从行动中发生的困难，才是真实的问题；从行动中所获得的胜利，才是真实的驾驭环境的能力。幼儿亲身体验，参与修路的过程是他们不断解决问题、体验生活意义的过程。

有了修整优化的方案，孩子们又通过投票的方式，最终决定撤走树叶树枝路与积木路，让院子的石头小路显得整齐美观。根据新方案，他们收集了木棒、砖头等材料，小路的改造过程进行得热火朝天。那么这些材料是否能修复小路呢？

教师：“你们用什么方法操作的？成功了吗？”

闻闻：“把鹅卵石放在石板上面压住，石板还是晃，后来我把鹅卵石放在石板下面

它就不晃了。”

然然：“我用小木棒放在下面，石板不动了。”

嘉颐：“我用砖块把鹅卵石围起来，它就跑不出去了。”

媛媛：“我在有缝的地方塞小石头，成功了。”

4. 拓展铺路经验

小路的修缮工作完成了，教师提出疑问：小路可以通向哪里呢？于是，孩子们又走向了小路。

闻闻：“小路可以通到郁金香花园，还有玩具架。”

萍萍：“我想去隔壁院子，可是这条小路太短了。”

西西：“我们可以去多运点石头往下铺，把路连起来。”

西西的主意赢得了伙伴们的赞同，经过讨论，大家决定保持小石头路不动，将石板路移动位置，先挨着小石头路向前铺，在它的尽头转个弯，然后向着院门方向继续铺去。在孩子们的合作下，不一会儿两条小路就连了起来，他们兴奋地喊道：“连起来了！”

教师思考

优化方法的探究中，教师给予了幼儿充分的尊重与肯定，有意识地将难题留给幼儿，层层设问，给幼儿留出表达的空间。

四、活动反思

本活动从幼儿自身的兴趣与需求出发，在设计小路、收集材料、尝试铺路、合作修路的过程中，幼儿思考、验证、调整，创设了满足自己期望与需求的小路环境。整个过程，幼儿商量、讨论、分工、合作，他们的经验在铺路中生长，他们真正成了院子的小主人！石头小路的创设探究在幼儿的欢声笑语中结束了，但石头小路对幼儿的成长意义远不止于此。我们将不断坚定自己的立场，关注幼儿当下的活动兴趣与需求，以引促探，在主动参与环境创设的道路上越行越远。

幼儿园里最高的草

在省级课题“探索与发现：幼儿园‘儿童博物馆’建构的实践研究”的助推下，幼儿园着重打造户外自然博物馆，旨在让幼儿亲近自然、了解自然，感受自然的神奇和乐趣，从而萌发幼儿的科学探究兴趣。根据幼儿园现有的户外资源，分类汇总，形成了花、草、树、虫禽、农作物五个项目组，根据幼儿的兴趣点，教师和幼儿共同选择一个项目进行深入的探讨。“幼儿园里最高的草”就是在此背景下产生的一个探究活动。

一、捕捉幼儿兴趣点，生成活动主题

经过了一个漫长的暑假，幼儿园里的花草树木发生了很大的变化，长出了许多小草，有的草还长高了不少。

悦悦：“老师，这是什么草?”

天天：“这草好高啊，这是幼儿园里最高的草吗?”

教师笑着回答：“这是草，但是不知道是什么草，也不知道是不是幼儿园里最高的草哦!”

瑞瑞：“这好像是狗尾巴草。”

阳阳：“不是，不是，狗尾巴草上面有毛毛，这棵草没有。”

很快孩子们围成了一团，进行了激烈的讨论，有的孩子说是荠菜草，有的孩子说是草坪里的草，还有的孩子说是牛筋草。教师没有肯定或者否定某一答案，而是将草的照片发在班级群中，建议家长协助孩子查阅资料，寻求答案。对于“幼儿园里最高的草”这个问题，教师请孩子们思考用什么方法判断哪棵草才是幼儿园里最高的草。

教师思考

幼儿天生有着强烈的好奇心，特别对于身边的事物更是如此。他们喜欢问为什么，喜欢用感官去感知周围事物。教师应扮演倾听者的角色，倾听幼儿的心声，观察幼儿对事物现象的反应，并回应幼儿提出的问题，从而有效保护幼儿的探究兴趣。

二、有效助推，激发幼儿的求知欲

幼儿在探索的过程中碰到困难，需要教师给予物质上、精神上的助推，可以是一句言语上的奖励，可以是一个眼神的激励，可以是一个不起眼的小物件奖励，只要能助推幼儿探索的，都有着积极的作用。

1. 工具的选择

教师请孩子们思考怎样判断幼儿园里最高的草。孩子们一致提出要用测量的方法进行判断，从而引发出了对测量工具的讨论。

然然：“我用我的手来测量草的高度。”

欣欣：“我用我的身体来测量草的高度。”

天天：“我用纸杯来测量草的高度。”

晓晓：“我用我们教室里的尺来测量草的高度。”

柳柳：“我用吸管来测量草的高度。”

瑞瑞：“我用双节棍来测量草的高度。”

左左：“我用积木来测量草的高度。”

从孩子们选择的这些测量工具中可以看出，这些都是孩子们平时生活中随处可见也便于取放的。

2. 探索的过程

教师请孩子们思考问题：测量好了怎么记录？在哪里测量？测量的时候要注意些什么？随即和孩子们一同设计记录表，讨论测量的要点，选择测量的地点。一节关于测量的活动课生成了。

悦悦：“有的草弯下来了，一个人不好测量。我需要老师、阿姨帮忙一起测。”

瑞瑞：“测的时候，头和尾要连接起来，不能重叠，不然测出来就不准确了。”

然然：“我们可以选择幼儿园的各个地方，只要有草的地方都可以去试试。”

天天：“可以用记录表记录下我们的测量结果。”

教师：“怎样设计记录表？”

天天：“可以用一种工具测量我们认为最高的草，把测量的数字记录在记录表上。数字最大的就是最高的。”

3. 探索的结果

经过一番测量，孩子们找到幼儿园里最高的草了吗？

天天：“我是用我的手进行测量的，食堂后面的那棵草最高，有 14 个手那么长。”

潇潇：“我是用记号笔进行测量的，测了水池边、草坪里、水缸边、班级院子里的草，水缸边的那棵草最高，有 16 个记号笔那么长。”

然然：“我是用水杯进行测量的，食堂后面的草最高，有 23 个水杯那么长。”

佳佳：“我是用双节棍进行测量的，测了水池边、种植园地、沙池边、草坪里的草，水池边的草最高。”

在交流成果的时候，孩子们积极分享了各自的测量结果，他们发现使用同一种测量工具测量同一棵草的结果却不一样。老师没有直接给予答案，而是让他们再次集体测量，共同讨论，随后得出可行的测量方法。

教师思考

幼儿刚开始探索的时候难免会有不敢尝试的现象，这时候教师对于这类幼儿要特别给予鼓励和关注，用言语和眼神鼓励他们勇于探索。

三、潜移默化，引发幼儿探索欲

幼儿具有模仿性和受暗示性的特点，教师的一言一行直接影响着他们。因此，教师自身对科学有浓厚兴趣很重要，这样才能对幼儿起到潜移默化的影响。

教师思考

在幼儿认识探究事物时，教师要用生动的语言、有趣的形式感染幼儿，注意观察幼儿在探究过程中的反应，从而体会了解幼儿的心理。要使幼儿对科学探究有兴趣，就要给予幼儿足够的空间、时间和自主性。让幼儿自始至终都亲自动手、亲身体验、亲尝成果，这样才能取得好效果。

四、活动反思

科学探究本来就是探索—失败—再探索的过程，对于幼儿来说也是如此，当幼儿失败了，教师要做好安抚工作，让幼儿知道，这一次的失败没关系，只要再勇敢地尝试就离胜利不远了。幼儿认知经验有限，往往成人看来不奇怪的事情，幼儿会感到无比新奇。他们有十万个为什么，什么事都想尝试下。因此，教师要让他们问，给他们试，有时甚至要反问几个为什么，引起他们进一步探索的欲望。

魔法小鱼儿

新学期开学，孩子们搬了新教室，教室门前是个院子，院子里有个小池塘。经历了炎热暑假的小池塘池水浑浊，散发着臭味，也吸引了很多的蚊虫。于是，大家决定清理小池塘。

引流、提水、抬水……小池塘的水位越来越低，这时，孩子们惊喜地发现，原来这里还有一群小鱼儿！恒恒提议："我们不能再清理了，不然小鱼儿离开水就会死的。"

大家停了下来，犹豫片刻后，雨曦说："不会的，我家鱼缸里的小鱼儿就是河里捞的，养了很久了。"

开朗说："把小鱼儿捞出来后立刻放进鱼缸，但也可能会死。"

围绕"到底是先捞鱼，再清理，还是暂停清理，直接加水"，孩子们七嘴八舌地讨论着。经过举手表决，大部分小朋友同意捞鱼后再清理小池塘，小池塘清理干净后再把它们放回去。

教师思考

从幼儿简单的对话中可以发现他们非常清楚鱼的生活习性——随着池塘水的减少，小鱼儿的生命会受到威胁。这时，幼儿迫切想做的事情是保护小鱼儿。这是幼儿感兴趣的问题，教师要支持幼儿的想法。

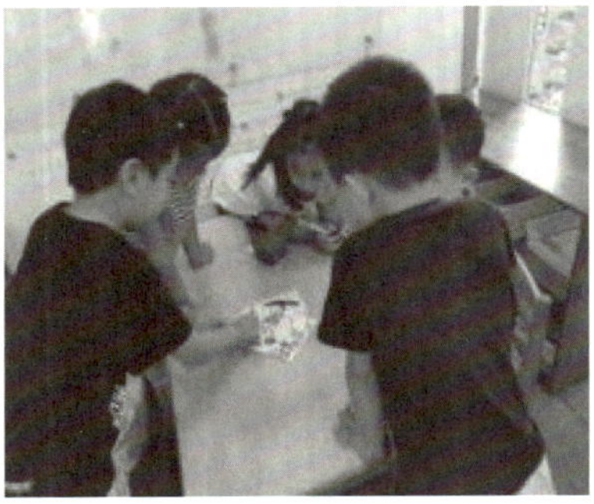

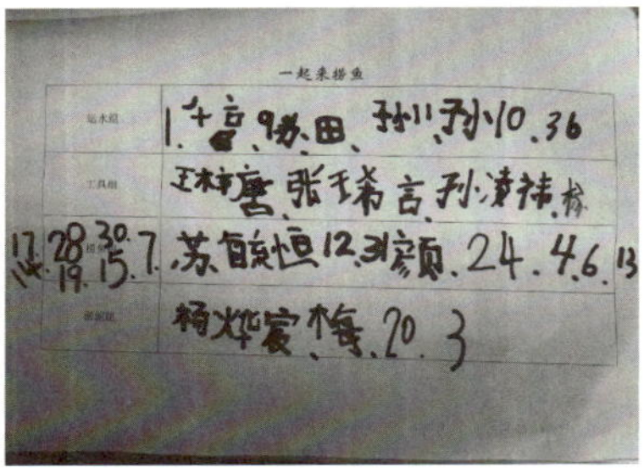
一起来捞鱼

一、魔法一：无影无踪

听说要先把鱼儿捞上来，辰辰说：“小鱼儿游得特别快，转眼就不见了，怎么可能捞到它们呢？”于是，孩子们回到了教室，决定制订捞鱼计划。

田田说：“动作得轻，但是得快。”

恒恒说：“我在市民公园也捞过鱼，要对着鱼头的方向捞鱼，它就逃不掉。”

佳丽说：“小池塘中间最深，那里的鱼儿应该最多。”

曦曦说：“可以在小池塘里再挖条小河，让水往中间流，鱼就会顺着水往中间游。”

池塘不大，不可能这么多人一起去捞鱼，于是，孩子们又对整个捞鱼过程进行了细化，分成了运水组、工具组、捞鱼组和清理淤泥组，每人都认领了一项小任务。

第二天，孩子们搜集了很多捞鱼的工具，渔网、篮子、水桶、鱼缸……运水组和捞鱼组一起行动，一条，两条，三条，四条……不一会儿，鱼缸里的小鱼就越来越多了。

教师思考

进池塘捞鱼是幼儿最期待、最快乐的时刻。对于如何捞鱼这个问题，大班幼儿有自己的解决方式，教师所要做的就是调动幼儿的积极性并给予他们自主策划、自主组织和自主表达的机会。为了满足人人想参与的愿望，孩子们还能自然地想到分组，虽然出现每组的人数不等、人数略多、任务安排不细致等问题，但积极解决问题的态度很值得表扬。

二、魔法二：漏网之鱼

小语和雨曦等人是运水组的，他们不停地把水舀进桶里，再把桶抬到旁边的下水道井盖口倒水。然后，一个人倒水，一个人用渔网接住。“小鱼儿会躲进桶里吗？”教师问。小语说：“刚才有一条小鱼儿流到下水道去了，我们得施个魔法抓住漏掉的小鱼儿。”教师为孩子们的细致点赞。

这时，夏夏满脸失落地说：“我的渔网不行，一条鱼也没捞到。”工具组的杨杨在旁边看了看，说：“我来帮你检查一下。”“这个渔网坏了，有好几个地方断开了，小鱼儿应该都溜走了。”听到杨杨这么说，几个小朋友都过来了。

糖糖说：“那不要了，重新买一个吧。”

晨晨说：“换别的工具，小篮子应该也行。”

千豪说：“在坏的地方打结呀。”

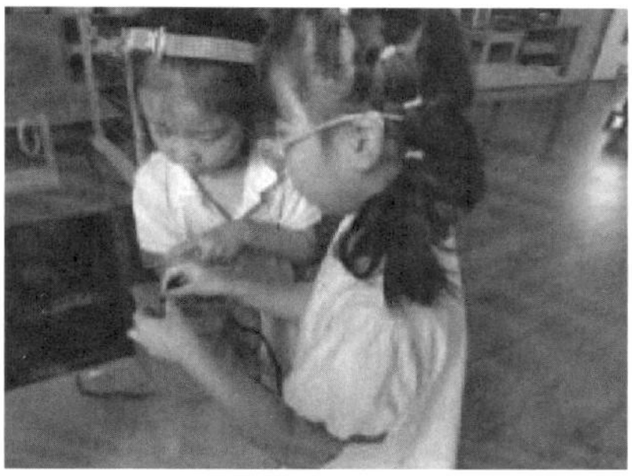

可是似乎大家都没有打结的经验，千豪自己也摇头表示不会打结。那怎么修渔网呢？

杨杨和几个孩子拿着坏渔网跑进教室，找了双面胶、透明胶带、扭扭棒和各种绳，然后，讨论了起来。

杨杨：“双面胶不行，到了水里就不黏了。”

糖糖说：“透明胶也是的。”

千豪说：“扭扭棒穿过洞洞就能把洞洞堵住了。”

佳丽：“这个钓鱼线有点硬，好穿的，但是洞洞还是很大。”

十几分钟过去了，他们开始不耐烦了，想放弃修网。眼看快到放学的时间了，今天的捞鱼活动也暂停了。教师给孩子们留了一个问题：“这个坏渔网还有没有修补的必要？如果继续修，有没有更快速、好操作的方法？”

第二天，孩子们一来园，最迫切的事情就是去看池塘里的小鱼儿。工具组的佳丽拿来了一个红色的网，说：“把这个装鸡蛋的网套在渔网上，小鱼儿就不能溜走了。”

说着她就试了起来，可是鸡蛋网的网口太小，渔网的网口太大，根本套不上去，拉拉扯扯中，鸡蛋网网口撕开了，大家发现撕开后网口变大了，糖糖把鸡蛋网的网口又剪一刀，果然这回就能套在渔网里面了。用扭扭棒固定后，新渔网变成了内小外大的“网中网”，这个新渔网的造型有点奇怪，大家对它充满了期待。修好的渔网也不负所望，几分钟后，夏夏成功地捞到了小鱼儿。

三、魔法三：翻肚皮

当孩子们沉浸在捉鱼的快乐中时，大家发现事情不妙——捞出的小鱼有的翻肚皮了。“是死了吗？”“可能还没死，它的嘴巴还在动。”“估计快要死了！”正在捞鱼的几个孩子也发现池塘有小鱼儿翻出白肚皮了，大家看上去都很紧张。

“肯定是水太脏了。”

“现在池塘里的水越来越少，在烂泥里小鱼儿就没法呼吸了。”

“鱼缸里已经捞上来的小鱼儿应该也是缺氧了。”

“小鱼儿的生命真脆弱！”捞鱼组的小朋友看到这种情况就加快了捞鱼的动作。工具组比较内向的岩岩说：“得增加鱼缸里的氧气，捞完鱼还要清理淤泥、冲刷，最后才能把小鱼儿重新放回小池塘。”

杨杨说：“那就更来不及了，小鱼儿会死的。”

教师思考

在出现“漏网之鱼”和“漏鱼之网”问题后，幼儿一次又一次地调整材料、修补渔网，虽然过程中遇到过困难、发生过失败，但是他们没有放弃，没有退缩，而是不断调整材料，直到解决问题。

观察和分析是教师的首要任务。教师没有随意干预，而是观察他们的行为，适时抛出问题引发幼儿再次思考。

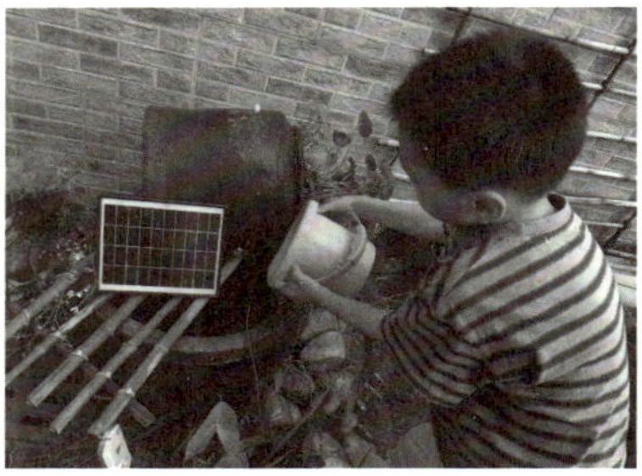

他们跑来求助教师，教师说：“最好有氧气泵。”一旁的恒恒说：“我看到那边一个院子里有氧气泵。”他们跑到大5班的院子里，求助了大5班的教师，经大5班教师同意后暂时将小鱼儿寄养到带有太阳能氧气泵的鱼缸中。看着鱼儿们在鱼缸中游来游去，孩子们松了一口气。

教师思考

幼儿身心发展不成熟、经验有限、能力有限，遇到困难时需要成人的指导和帮助，围绕“救救小鱼儿”这个紧急问题，幼儿立马想到“求助”这个办法。求助也是解决问题的一种方法，教师应适时给予方向性的指引。

四、活动反思

小池塘里的鱼儿如魔法般地激荡着幼儿的思维，激发他们自主、愉快地学习。这是一次自主探索之旅，各种问题推动着幼儿不断进行思考。幼儿逐渐从个体的思考，到与同伴共同讨论，解决问题的能力随之增强。

骑行世界

幼儿园的操场进行了大改造，原来的瓷砖地面换成了沥青路，孩子们在去往游戏场地的路上碰到工人叔叔正在施工。

一、捕捉兴趣，自然生成

（一）发现“消防员”

看到叔叔们，孩子们纷纷讨论起来。

“他们在干什么？”

“他们是谁？”

“是不是消防员？”

国林问：“叔叔，你们是消防员吗？”

叔叔笑着回答：“我们不是消防员。”

阿喆说：“你们穿了和消防员一样的衣服。”

叔叔笑道：“我们是画画的，你们在纸上画画，我们在地上画画。”

只见两位叔叔各在两头将手中的线拉直，其中一位叔叔拎起线一弹，地上出现了一条白色的痕迹。还有一位叔叔推着一辆车子过来，晞晞看见了马上招呼小朋友们：“快看，车子在冒烟。”只见叔叔将小车子推到刚刚画的白线旁边，脚一拨，手一压，车一推，一条宽宽的白线就出现了。“哇！”孩子们纷纷拍起手来。“快看，下面有火。”晞晞指着车子的下面说道。孩子们都蹲下来仔细观察。

教师思考

日常生活中，幼儿对交通信息并不关注。当幼儿亲眼看到施工人员操作画标线的时候，他们的生活碎片瞬间鲜活了起来，对道路标线也更加感兴趣了。《3—6岁儿童学习与发展指南》指出，要珍视幼儿生活和游戏的独特价值，充分尊重和保护其好奇心和学习兴趣，创设丰富的教育环境。小班幼儿对新环境的探索行为是间断性的，兴趣随时会因为其他事物发生转移，教师需要抓住偶发事件中蕴含的教育价值，创造出适合幼儿探索的游戏环境，让幼儿在持续性的探索行为中自然成长。

（二）线会被冲掉吗

俊杰摸了摸地上的白色涂料，说："这个摸上去有点奇怪。"

妮妮说："像牛奶。"

俊杰说："像蜡笔画上去的，这个下雨时会被冲掉吗？"

教师笑着回答："这和我们平常用的油画棒不一样，是一种路标漆。"

熠辰说："是不是上次有个叔叔在墙上涂来涂去的那个？"

教师说："不同绘画材料，它的用处是不一样的，我们一起去涂鸦区看看吧！"

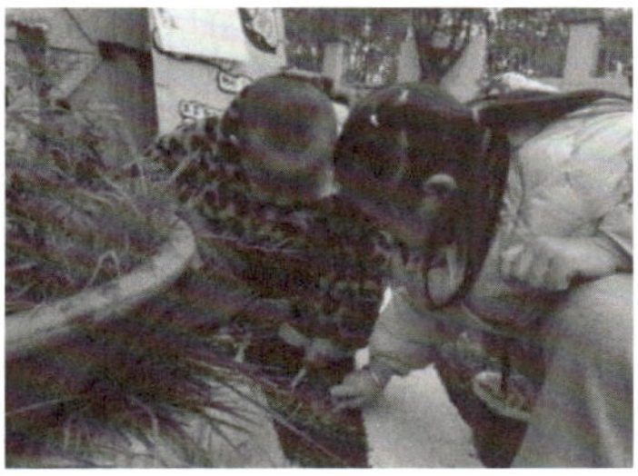

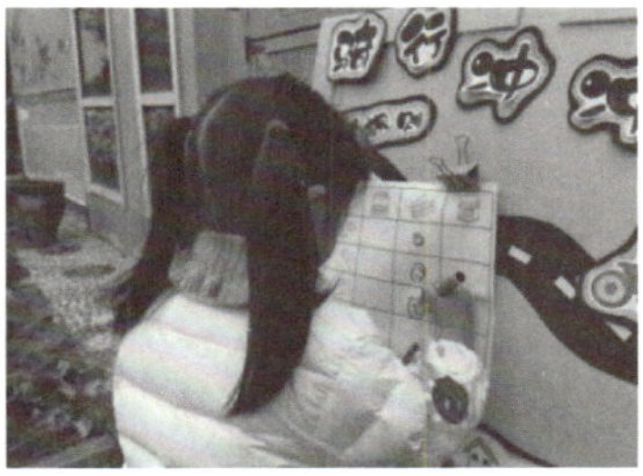

孩子们对不同的绘画材料产生了探索的兴趣，我们到涂鸦区找来了粉笔、油画棒、水粉颜料及丙烯颜料，分别画在白纸、玻璃面板及柏油路上，并喷水测试不同绘画材料在"极端天气"下的固色表现。最后，孩子们发出感叹："原来有这么多不一样的画画材料呀！"

教师思考

为了帮助幼儿积累相关经验，在碎片时间里，教师可以有意识地引导幼儿到骑行场中走一走、看一看，近距离观察道路上的标识。这一次画白线的材料引起了幼儿的关注，结合已有经验，他们对不同绘画材料的着色程度进行了探究，虽然探究的过程磕磕绊绊，但大家对道路标线的形成又多了一些了解。小班幼儿有动手尝试探索的欲望，教师需对幼儿的兴趣点进行价值分析，从儿童的角度出发进行横向或纵向的点状活动，激发幼儿的好奇心和求知欲。

二、初探马路，问题浮现

【片段 1】辰辰走进骑行场，摸着小脑袋发出疑问："应该往哪里走呢？"绕了大半圈，看到地上的转弯箭头，辰辰有些犹豫："这里是转弯吗？"旁边的子轩点点头说道："对的，就是要转弯的。"说完子轩就走向了箭头所指的综合活动区，后面的小朋友也偏离路线跟了上去。

【片段 2】欣欣带着瑾萱穿过画好标线的骑行场，径直从综合活动区（一）骑向了对面的综合活动区（二）。

教师提醒道："欣欣，看看地上有什么？"

欣欣停下车，指着地上说："有一个白色箭头。"

瑾萱指着后面："这个箭头是指那边的。"

"那你们应该往哪个方向骑呢？"教师问道。

欣欣想了想说："应该跟着箭头骑。"说完，她调转车头顺着箭头的方向骑去。

孩子们在游戏过程中并没有按照地面上标记的指引进行骑行游戏，出现了逆行、违章停车等违规现象。

教师思考

幼儿在游戏过程中出现了不同程度的交通违规行为，一开始教师以现场指导、游戏后分析为主要对策，但效果并不明显，幼儿只能当时给予回应。小班幼儿的注意力不稳定，观察力刚刚萌发，对事物的观察是表面的，在观察中获得的经验是零散而浅显的，如果没有后续相关的引导，幼儿就会处于“我看见了—我忘记了”的循环中。教育大师蒙特梭利说过：“我听到了，但随后就忘记了；我看到了，也就记住了；我做了，也就理解了。”这句话揭示了教育的真谛——活动育人。所以，教师需要引导幼儿在玩中学，在游戏中完成外部表征行为的内化，并将已有的点状经验运用到之后的游戏活动中去。

三、建构经验，持续深入

皮亚杰的儿童思维发展阶段理论中认为，二至七岁幼儿处于前运算阶段。其中二至四岁幼儿处于前概念或象征思维阶段，这一阶段的产生标志是儿童开始运用象征符号，这意味着小班幼儿已经具备了用符号代表人或物体的能力。在骑行游戏中，孩子们用语言、图像、动作、符号等表征形式来表达自己在游戏中的感受、经验及想法，从而建构起相关的游戏经验，支持后续的游戏开展。

1. 园外实践

孩子们来到幼儿园门外的车道上，小妤有了新发现：“地上有线，有白色的和黄色的。”妮妮说：“有短的线，还有长的线。”教师笑着说：“这些叫道路交通标线，它们有不同的作用。”玥玥指着脚底下说：“我知道，这是一个转弯箭头。”

教师思考

这是幼儿第一次集体来到园外，园内外资源的互通让幼儿有了新的认识：他们发现地上有各种不同长度、颜色的直线以及不同指向的箭头，但他们还不明白道路标线的准确含义。幼儿的思维和动作、行为是紧密联系在一起的，一旦动作停止或发生转移，他们的思维活动也就随之停止了。我们以幼儿的日常生活为基础，请家长在生活中有意识地引导幼儿观察周围和交通相关的标志，认一认、指一指、画一画马路上的交通标线和标志，通过了解日常交通道路知识来帮助巩固和提升幼儿的认知。

2. 园内发现

孩子们在5号楼梯的拐角处发现了许多交通标志。

玥玥将信号灯转了一面：“你看这两个人不太一样，这个人在走，是绿灯。”

国林接着说：“这个人站在那里不动，是红灯。”

教师点点头：“你们对交通信号灯有了一定的了解，那你们知道旁边这些交通标志是什么意思吗？”

玥玥说：“这是人在走斑马线。”说着又指了指旁边：“这是妈妈带着小朋友一起去逛街。”

教师思考

幼儿对交通信号灯比较熟悉，红灯、黄灯、绿灯代表的交通信息及过马路的交通规则，在幼儿的大脑里会形成具体且丰富的思维形象，对于其他交通标志，幼儿会根据画面进行猜测，但小班幼儿对画面加工、表达的能力还比较弱，他们的认识仅停留在看到的层面，不会主动进行深入的思考及联系；对不认识的交通标志，幼儿也没有继续探究的意愿。行为课程最重要的就是实际行动，

为了打破骑行游戏中因幼儿缺乏认知而造成的游戏僵局，扩充幼儿的新经验，师幼一起行动，帮交通标志“搬了家”。

3. 区域联动

建构区：提供相关的交通标志，鼓励幼儿将交通标志运用到建构游戏中去，和同伴交流道路标志所蕴含的交通信息。

益智区：投放常见的道路标志及交通行为，引导幼儿分辨道路标志的名称，判断交通行为。

阅读区：收集交通相关的绘本，鼓励幼儿与同伴说一说不同交通标志的作用。

表演区：结合《宝宝巴士：交通警察》，学习并表演停止、前进、转弯等简单的交通手势。

生活区：通过每天的签到活动，了解道路中间虚线的作用，增加活动的趣味性。

教师思考

小班幼儿的年龄特点决定了他们更关注自身在游戏中的体验，对周围事物缺少主动发现，在游戏中缺乏任务意识，也使小班幼儿的发展呈散点式，很难通过主动探究连接已有经验。我们尝试将户外骑行游戏延伸到班级区域游戏中，并根据幼儿的能力及个体差异调整游戏难度，让幼儿在区域游戏中初步建立任务意识并获得任务完成后的满足感，让幼儿在自主游戏中将点状知识通过多方位的实践操作相互连接形成系统性的线状认识。

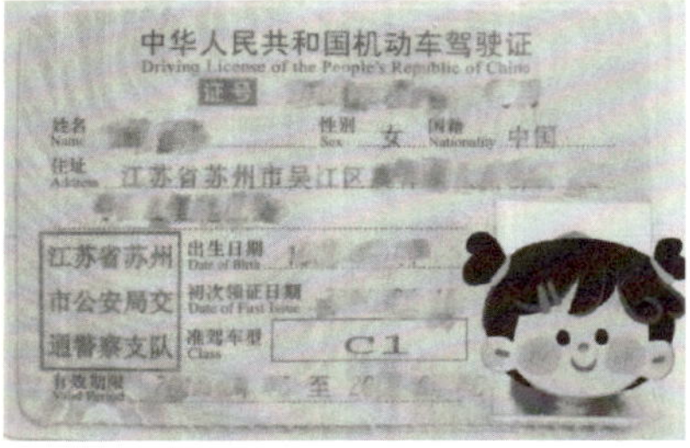

四、混龄互动，骑行闯关

再次回到骑行场，孩子们已经能准确完成直行、转弯等路线行驶，但是在掉头处，玥玥直接沿着掉头标志回到了原路。通过之前的游戏，孩子们知道了道路标志的含义，但对不熟悉的标志缺乏推理、判断。

鉴于孩子们的游戏情况，我们展开了集体讨论和教学活动。

玥玥：“他们总是乱骑，不按照路线骑。”

泓仔：“我看不懂路线。”

彤彤：“我妈妈有一个开车的小本子，有小本子才能开车。”

老师：“小本子是哪里来的呢？”

晞晞：“考试考出来的，我哥哥考过试的。”

教师：“幼儿园怎么考小本子（驾照）呢？”

思涵：“找警察叔叔。”

教师思考

小班幼儿的思维带有直觉行动性，推理判断时往往看到什么就是什么，教师需要将幼儿抽象的散点的经验通过实物将概念具象化、系统化。因此在幼儿遇到影响游戏进展的难题时，教师不要急于告诉幼儿该怎么做，而是通过提问、讨论的方式引发幼儿思考，帮助幼儿联系生活实际，运用相关经验，引导幼儿尝试解决问题，自主推进游戏进程。

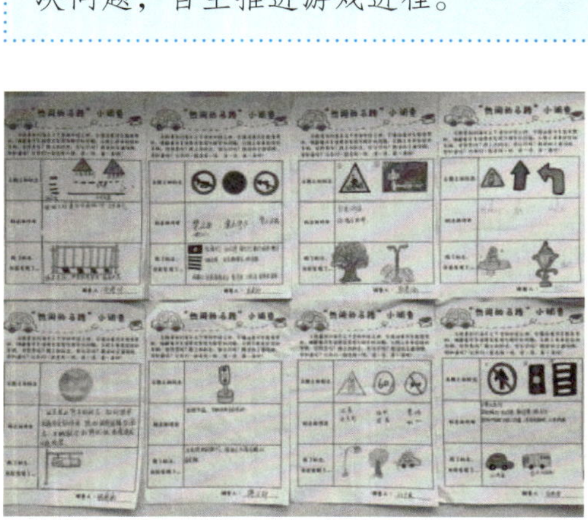

经过调查，孩子们了解到驾照考试为四个科目：理论考试、场地考试、道路考试和常识考试，根据小班孩子的发展情况及意愿，我们将“骑行大闯关”分为了理论考试和道路考试两个科目。

（一）标志小调查

家庭是幼儿园重要的合作伙伴，当孩子的游戏出现瓶颈的时候，我们可以请家长参与到游戏中来，周末，家长可以陪孩子到热闹的马路上找不同的交通标志。

教师思考

家长的支持和参与能帮助幼儿细致深入地学习交通标志，同时，家长还能从侧面了解幼儿在幼儿园的活动情况，有效增进感情，最后形成幼儿、家长与教师的三方良性互动。

（二）讨论路线图

孩子有了一定的理论基础，教师就根据实际地形绘制了骑行场地图，师幼共同讨论骑行过程中容易出现问题的地方。

玥玥：“有小朋友转弯总是转错。这个地方要小心。”

子轩：“不能骑到黄线里面去。”

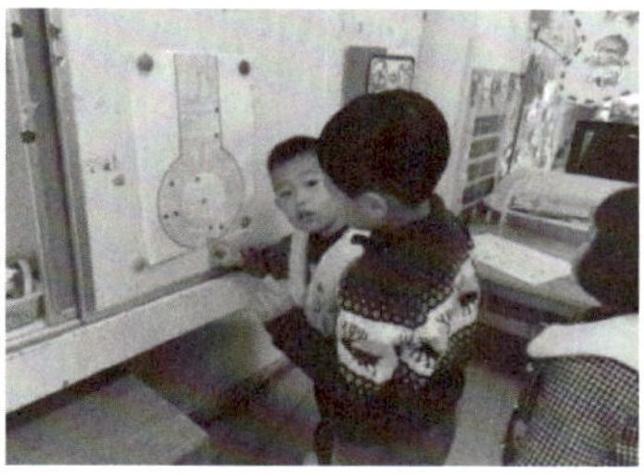

烨烨：“这里有条斑马线，要慢一点。”

晨晨：“还有这里，调头的时候要到对面去。”

蒽蒽：“转弯的地方也不能转错。”

通过孩子们的投票，我们选出了五个容易出错的关键点。

教师思考

小班幼儿认知水平相对较低，记录对小班幼儿来说是一件比较困难的事情，如何才能把幼儿的想法保存下来？教师绘制了幼儿熟悉的场地图，引导幼儿用贴五角星的方式表示骑行中容易出现问题的地方，记录形式必须是幼儿看得懂、易操作的。在全部幼儿完成记录之后，幼儿能直观地感受到自己以及同伴的想法，并能与同伴就记录表的情况进行简单的交流。在表达—观察—交流的过程中，幼儿的已有经验得到改造和扩充，获得了新经验。

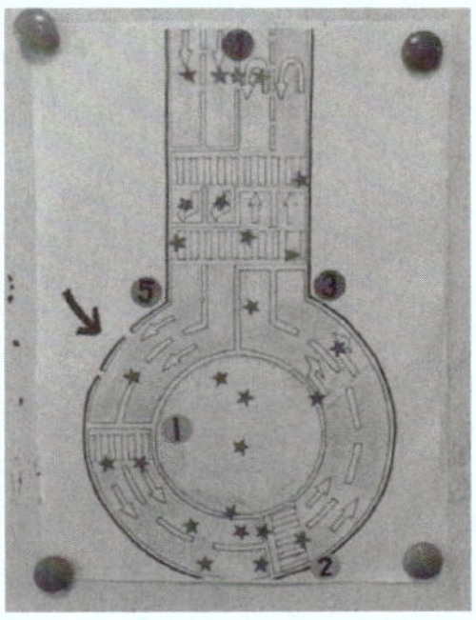

（三）邀请小交警

谁来做我们的考官呢？孩子们想到了大班的哥哥姐姐，并制作了邀请卡。喆喆将邀请卡递给了一位姐姐："这是我做的卡片。"教师朝玥玥点点头："你也去试试看吧。"玥玥走到一位哥哥面前："哥哥，请你到我们这里来做小警察。"哥哥接过邀请卡仔细地翻看着，笑着对玥玥说："谢谢你，我会来的。"

教师思考

根据幼儿的意愿，我们邀请了大班幼儿参与到"骑行大闯关"中来。请大班幼儿担任"小交警"帮助小班幼儿闯关。这是幼儿与哥哥姐姐的第一次亲密接触，面对大班的哥哥姐姐，他们有点陌生又有点好奇，当幼儿略显羞涩时，教师就成了交往行为的助推剂，通过语言及动作鼓励幼儿大胆邀请哥哥姐姐。大班幼儿带领小班幼儿进行闯关游戏，混龄的尝试不仅让幼儿在游戏中发挥了主观能动性，还帮助小班幼儿积累了相关的游戏经验，让大班幼儿产生"我是哥哥姐姐"的自豪感。

（四）骑行大闯关

终于到了闯关的时候，"小交警们"已经准备就绪啦！

第一关：交通规则知多少

"小交警们"已经出好题目了。交通规则你了解多少呢？快来试一试吧！

"这个标志叫什么名字？请说一说。"

"这种交通行为对吗？请选择哭脸或笑脸表示。"

"你都答对啦，给你贴一个笑脸。"

"答错一个，没关系，先贴一个哭脸，继续加油哦！"

"老师，我通过第一关啦！"

教师思考

混龄游戏作为幼儿游戏的一种特殊形式，打破了年龄界限和班级壁垒，让不同年龄段的幼儿在同一个游戏目标的支持下自主参与其中。混龄游戏中最突出的就是幼儿的经验和能力参差不齐，这是问题也是契机。大手牵小手，能力强的大孩子在游戏中起主导作用，教师完全放手将游戏交给幼儿。而小年龄段的幼儿将生活经验顺利迁移到游戏中，不仅提升了游戏体验，更丰富了游戏内容。而游戏中笑脸或哭脸的运用，在增加游戏趣味性的基础上缓解了小班幼儿在游戏失败时的挫败感，让幼儿能接受失败，积极为下一次挑战做好准备。

第二关：现场骑行考技能

晴晴成功通过第一关来到了第二关，她先把闯关卡交给“小交警”。

“你准备好了吗？请开始你的闯关吧！”

顺利进入车道，没有骑到黄实线里面，1 号点位绿卡通过——笑脸。

斑马线处减速让行，2 号点位绿卡通过——笑脸。

转弯进入正确的直行道，3 号点位绿卡通过——笑脸。

成功调转到对面车道，4 号点位绿卡通过——笑脸。

转弯进入直行道，5 号点……等一下，白实线变道，5 号点位红卡不通过——哭脸。

第一位小朋友没有得到 5 个笑脸，驾驶证不能生效，请下次再来补考哦！

彤彤顺利通过了 5 个点位，获得了 5 个笑脸认证，成功解锁了“驾驶证”。“小交警”在“驾驶证”页面填写上生效日期及有效期等信息，彤彤便拿到“驾驶证”了！

教师思考

第二关我们模拟了真实的驾驶情况，闯关游戏的自主进行暴露出了幼儿理论不扎实的问题，如幼儿不知道路面实线与虚线的区别。不同的幼儿在不同的游戏情境中会遇到不同的问题，只有在不断实践中发现问题、解决问题，才能帮助幼儿这个特殊群体更好地掌握相关的交通知识。而“驾驶证”作为游戏的实物载体，一方面能让闯关成功的幼儿获得成就感，另一方面也能帮助闯关失败的幼儿了解自己的不足。

五、家园共育，未完待续

突如其来的新冠疫情打乱了我们正常的学习与生活，居家生活为孩子们的闯关游戏按下了暂停键，但孩子们的游戏探索并未就此结束。在“相约云端　共待花开”主题线上家长会中，教师们通过视频剪辑分享了小一班的骑行活动，帮助家长了解了幼儿在园的游戏情况，也让幼儿回顾了骑行活动。会后，教师和家长分享了骑行路线图，借此契机，让幼儿的闯关游戏从幼儿园“骑”向了家庭。

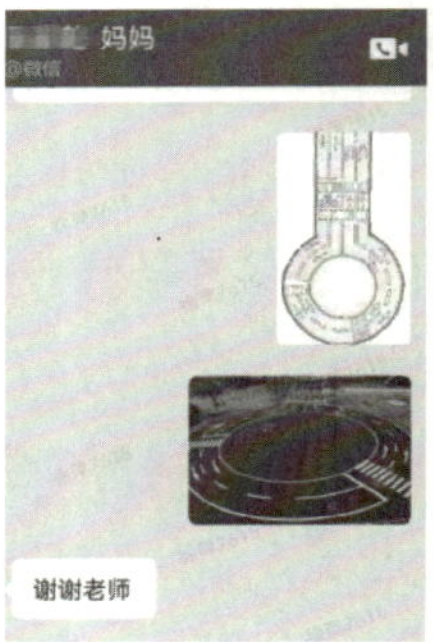

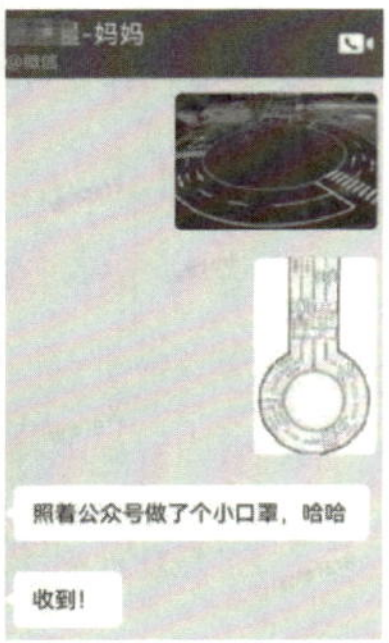

六、活动反思

关于游戏的适龄性，我们进行了一定的思考，如根据不同年龄段调整交通规则认识中标志的数量和难度，增加倒车入库、骑车过坡等技能考试，提供尽可能多的游戏机会，满足不同年龄段幼儿的游戏需求。虞永平教授曾说过，课程在儿童的生活和行动里。在此次活动中，“儿童在前，教师在后”，教师追随幼儿的兴趣，发现幼儿的需要，基于幼儿的问题开展了一系列探究性活动，引导幼儿与周围的事物产生新的链接，获得新的感知。在实际行动中，幼儿内心的自我满足得以实现，主动性、积极性得以发挥，解决问题的能力得以提升，生活性课程得以延伸和生长。

我是“小小野战兵”

宝贝，你的梦想是什么？“我想当医生”“我想当宇航员”“我想当消防员”“我想当一名解放军，保护我们的祖国”……

身穿迷彩服，头戴迷彩帽，喊着嘹亮的口号，踏着整齐的步伐，英姿飒爽的解放军是孩子们的偶像，成为一名解放军也是不少孩子心中的梦想。幼儿园里的“野战部队”就能够让孩子们体验当军人的感受，过一把小兵瘾。

一、前期大调查

“成为一名军人需要符合什么条件？”“军人有什么样的精神？”“军人叔叔们每天会做什么呢？”

孩子们通过视频、图片、教师讲解，知道了中国人民解放军野战部队是解放军的一个重要组成部分，还知道当一名军人，不仅要有吃苦耐劳、勇敢拼搏的精神，还要有永不言弃的坚定信念。

瑶瑶：“军人叔叔们好辛苦啊，每天都要训练。”

睿睿：“他们好厉害啊，我长大了也要成为一名军人。”

孩子们来到了训练场上，学习军人叔叔们站军姿，行军礼，锻炼身体素质，立志要当一名小军人。

“这个枪我认识，是步枪。”

“老师，我知道还有狙击枪、冲锋枪、AK47，是我爸爸告诉我的，我爸爸就是一名军人。”

孩子们对于枪支有很强的好奇心。认识了各种枪之后，他们将自己喜欢的枪画了下来。

教师思考

此次活动从孩子的兴趣点出发，跟随孩子探索的脚步，教师适时给予了支持和帮助，通过家园合作，收集资料，了解相关知识，一步步揭开野战部队的神秘面纱。

二、战前准备订计划

1. 设计队旗

孩子们分成黄绿两队，那队旗呢？就让孩子们自己来设计吧！

2. 物资准备

“老师，我有沙包，可以当作炸药包。”

“我家里还有（玩具）手枪呢，明天我就带来。”

“我也要带来。”

3. 制订“作战计划”

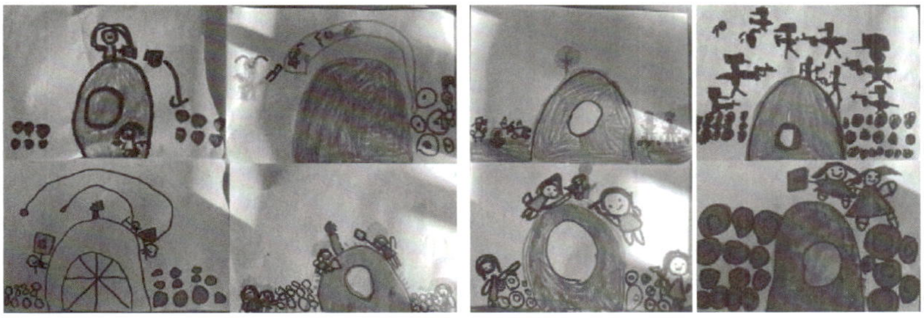

教师思考

在此阶段，教师支持幼儿做游戏的主人，自己设计队旗，准备游戏材料，制订“作战计划”，鼓励幼儿大胆地与他人分享自己的想法。

三、实战演练“上战场”

1. 瞧，我们的体能训练营

孩子们将轮胎、梯子、垫子等拼搭组合，随着队长的一声令下，有的钻，有的匍匐，有的爬，小小的身影灵活而矫健。

在享受游戏的同时，孩子们的身体素质得到了训练，体能也有所提高。

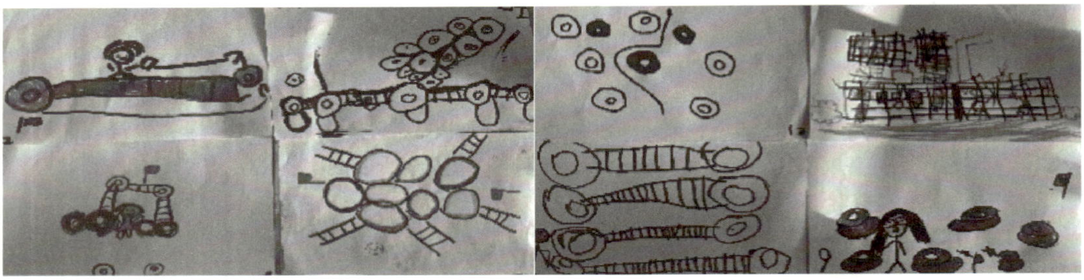

2. 看，精彩的游戏战场

身穿迷彩服，手拿小木枪，挺起胸膛，一、二、三，上战场！

“我来用望远镜看看敌方的情况！”

“快趴下，前方有敌人！”

“喂喂喂，能听到吗？”“快用盾牌来挡住敌人的子弹。”

“冲呀！”

“哎呀，我被打中了，快来救救我呀！”

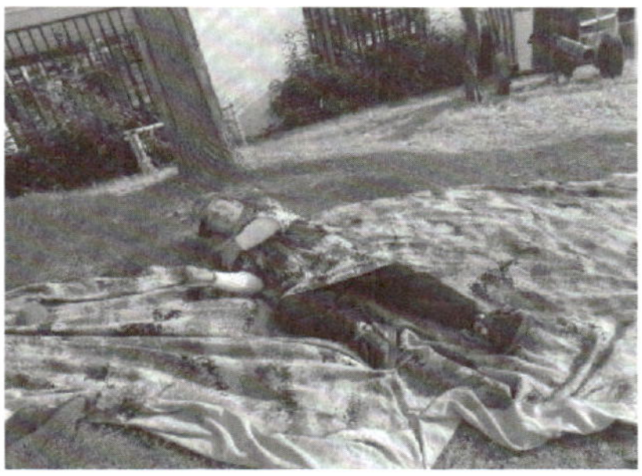

教师思考

在生动的户外野战情境下，幼儿的任务意识被大大激发，但由于对游戏规则不熟悉，经常会出现违反规则的现象，一些预设的环节也常常被跳过，很多孩子冲在前线，不惜受“重伤”。经过了第一次的实战演练，孩子们也遇到了一些问题。

3. 思，我们遇到的问题

（1）“物资不够了怎么办？”

原有的物资已经满足不了孩子的需求，于是孩子们自制“炸药包”“手榴弹”等。这下物资就很齐全啦！

（2）“游戏中帽子总是掉下来怎么办？”

有的孩子提出，帽子掉了就输了。于是就有了新的玩法，可以摘掉敌方的帽子，或者两个人拉手将敌人围住。

（3）“医生不会救治伤员怎么办？”

孩子们对于头部、腿部“伤口”不太会包扎，于是教师给他们普及这方面的知识。

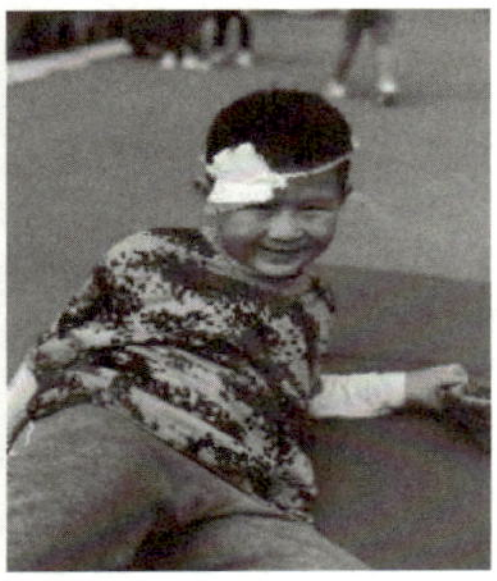

（4）“我们太疲惫，想补充能量怎么办？”

“老师，我们野战部队旁边不是有‘农家小院’吗？我们可以去那里做饭呀！”于是就有了“炊事班”，在营地制作美食，为“战友”补充能量，为“伤员”送上“病号饭”。这样我们就有力气和敌人战斗啦！

四、活动反思

解决问题后，孩子们的游戏装备更齐全了，“手榴弹”、“盾牌”、各式“枪支”、两种颜色的军帽及战衣、侦察兵所需要的望远镜，以及医疗队的担架、医疗器械、服装等应有尽有。每一个孩子都能全身心地投入游戏中，每一个“小战士”都有强烈的团队意识、规则意识，他们在自由的环境里，积极投入激烈的野战中，既锻炼了身体，也增强了交流和组织能力，充分感受到了团队合作带来的成果。

我与格桑花交朋友

陶行知先生的“生活教育”理论认为幼儿园课程需生活化、班本化。那么，如何基于幼儿的生活经验、兴趣，让课程之花尽情绽放？一朵普通的花朵，就可以激发幼儿无限的探究兴趣，所以我们要充分利用自然资源，多方位、多元化地为幼儿创设亲近大自然的机会，运用多种手段来提高幼儿对大自然美的感受力、表现力和创造力。我们以“我与格桑花交朋友”为例，开启了探究之旅。将课程与生活结合，引导幼儿通过观察发现、搜集材料，来亲身体验花的奥秘。幼儿在探索、了解的过程中，获得经验，收获快乐，进一步感受了花的魅力，萌发了保护大自然的意识。

一、捕捉幼儿话题，确立活动主题

上学期，有个孩子带了一个装花种的小瓶子来到班级自然角。

教师：“这是什么花呀？”孩子忘记了。教师打开盖子倒了一些出来。

佳琳看到了，走过来说：“老师，它怎么是一根一根的？”

教师：“这是格桑花的种子，我们把它们种在自然角里，看看开出什么样的花，好吗？”

二、追随幼儿思路，开展活动

3 月是播种的季节，大家决定播种格桑花。

（一）认识格桑花

1. 格桑花，你好

开学了，来园的孩子迫不及待地去种植园地邂逅那一片花海。

孩子们：“老师，我们的格桑花长大了吗？有没有长出小花花呀？我们好想去看看呀！”

“我也想去，老师。”

教师：“走，出发瞧瞧去。”

孩子们一走进种植园，第一个动作就是伸手去碰一碰、摸一摸。

梓馨：“哇！我看到这里有小花，好漂亮呀！”

梓馨一说完，其他孩子纷纷跑向了她的身边，循着她的方向看去，一朵美丽的花盛开着。

孩子们：“圆圆的，好漂亮呀！”

启航：“老师，你看我在和小花比谁高。”

佳琳：“老师，这个花我刚刚数过了，你看我数，1，2，3……”

梓馨：“我数过了，这朵有 8 片花瓣。”

佳琳提议：“我们给它们喝点水吧！”

于是孩子们拿着水管浇了起来。

2. 格桑花软软的，摸起来好舒服

在午间户外散步的时候，一个孩子说：“老师，我去看看我们的格桑花吧！”边上的辰逸听到了，也附和着：“我也要去看看，老师。”得到老师的许可，孩子们迫不及待地来到了种植园。

辰逸说：“老师，你看，景雯捡到了一朵格桑花。”我顺势望过去，看到她手中有一朵。景雯轻轻地碰了碰花瓣：“我想要摸摸它。”“那我们一起来摸一摸。”

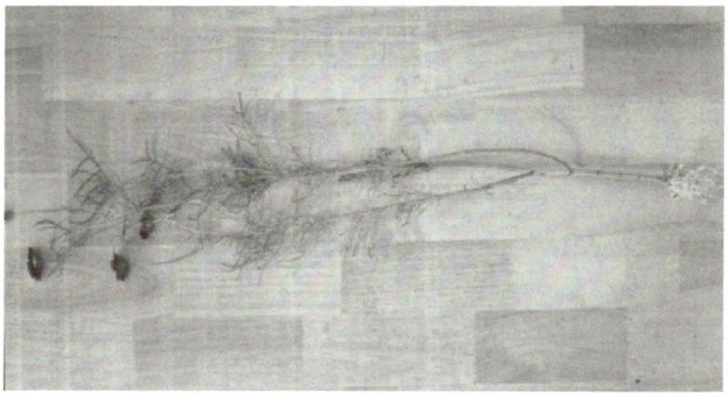

昊昊：“这朵花软软的，摸起来好舒服。”

宏泽：“老师，它好滑呀。”

“它的叶子是长长的、细细的，好软呀。”启航摘了一片叶子举起手来说。

景雯：“这朵格桑花是白色的，那朵是粉红色的。”

佳琳：“我刚刚数了一下，这朵有8片花瓣，我再去数数那朵。”

启航：“地上掉了好多花瓣呀。”

教师：“我们可以带一些花瓣回班里继续看一看、摸一摸、闻一闻，说说你对格桑花的新发现哦。”

3. 格桑花的花、茎、叶、根

梓馨：“老师，这片叶子细细的，像线一样。”

辰逸：“我也看到了，好直呀！”

教师：“那我们一起来看看吧。”

教师将几株完整的格桑花分发给大家，鼓励孩子们自行观察摸索：“看看它的花瓣是什么样子的，它的茎、叶、根呢？”

教师思考

引导幼儿从熟悉的花卉开始，在看看、摸摸、闻闻等过程中，获得体验，收获知识。幼儿们亲身实践，发现了格桑花的花、茎、叶、根的特征。

（二）格桑花把衣服染色了

一次，在观察格桑花后，佳琳在自己的白色T恤上发现了异样。

佳琳：“老师，我的衣服上有红红的东西，你看。”她拉了拉衣角。

教师一看，原来是格桑花的花瓣擦到了衣服上：“这是怎么回事呢？”

好几个孩子都围了过来：“你吃了火龙果吗？”“不像，你们看，有点像花瓣的样子。”

佳琳惊呼了起来："会不会是格桑花印在我衣服上啦！"

教师："原来格桑花喜欢你，想和你做好朋友，把花瓣留在了你衣服上。"

辰逸："老师，我也要和它做好朋友，衣服上也要变出格桑花来，这样我的衣服会更加漂亮。"

教师："那我们怎么把花瓣印上去呢？"

孩子们："粘上去。""贴在上面。""让我奶奶缝上去。"……

大家都想把这美丽的格桑花变到自己的衣服上，于是我们决定把它敲染在白T恤上。

景雯："这个是我刚刚采的，很漂亮哦！我放在这里。"

宏泽："我采的也很好看。"

回班级之后，孩子们将收集的花朵和叶片摆放在衣服上，教师协助孩子们用胶带进行固定。

佳琳："好朋友留在了我的衣服上，我要穿着和好朋友一起玩捉迷藏。"

宏泽："我敲出了3个好朋友，新衣服真好看。可以让它到我家来玩。"

启航："老师你看，我敲出来了，我要带回去给我姐姐和妈妈穿。"

辰逸："可是掉色了怎么办呀？有没有什么好办法能让颜色留得久一点？"

恰巧朱老师对布料比较了解，于是孩子们向她寻求好的办法，她告诉孩子们将衣服浸泡在盐水中，可以起到固色效果，图案保持得更持久。于是孩子们和老师一起行动，把浸泡过后的衣服一件件晾在外面，孩子们放学时穿上自己设计的衣服，都非常开心。

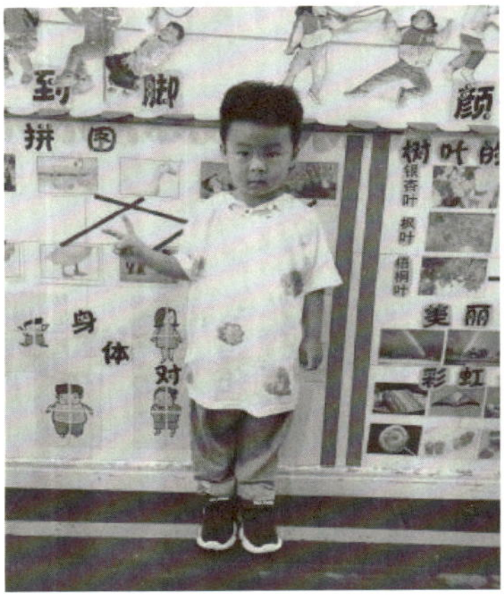

此外，孩子们还用了木棒、塑料盆、木槌等工具进行敲染。

（三）格桑花生病了

由于下雨，孩子们好久没有去观察我们种植的格桑花。佳琳今天一早就问：“老师，我们什么时候去看格桑花？我想它们了。”

教师：“外面天气怎么样呀？”

佳琳：“下雨了。”

教师：“是呀，你和老师在哪里？”

佳琳：“房子里。”

教师：“那格桑花呢？”

佳琳：“它没有房子，它会被淋湿的，会不会感冒打喷嚏呀？”

过了几天，雨终于停了，昊昊和辰逸跑过来说：“我们去看看格桑花吧，不知道它有没有感冒。”

孩子们走到种植园地，发现一大片格桑花都倒下了。

梓馨：“淋了雨它们怎么都倒下了？”

教师：“那我们帮助格桑花，让它们站起来吧。”

启航：“我们可以用绳子绑起来。”

佳琳抓起茎秆，因为没有支点，格桑花还是起不来。

启航看了看边上一块地种着番茄，他发现番茄因为太重也倒下了，但哥哥姐姐们将番茄苗绑在一根根小棒上，于是也想学着用棍子来固定，孩子们互相合作着，不一会儿，格桑花都立起来啦！大家虽然满头大汗，却很开心。

教师思考

通过主动帮助格桑花，幼儿学会了关心别人，帮助他人。教师要从幼儿的兴趣入手，尊重幼儿的兴趣需要，支持并鼓励幼儿探索、发现、学习。

（四）延伸：生成活动

通过观察、发现、研究、扶正格桑花之后，孩子们对格桑花产生了浓浓的情感，并将此情感延伸到照顾身边的伙伴、好朋友上，于是开始了讨论。

佳琳："我会送好朋友好吃的。"

皓轩："我会给好朋友玩我的汽车玩具。"

启航："我会给好朋友擦眼泪。"

梓馨："我会帮助好朋友，带好朋友一起玩。"

三、活动反思

看似普通的一株草、一朵花，孩子们却有着无限的兴致。我们从幼儿的兴趣出发，顺应幼儿的天性，充分利用自然资源的优势，让幼儿亲近大自然，积累丰富的生活经验，激发他们探究的兴趣与欲望，真正做到"玩中学，学中玩"。幼儿在种植过程中收获的不只是能力和知识，还有情感和态度，这对幼儿的教育发展具有重要而深远的意义。

了不起的宇航员

2021 年 10 月 16 日，神舟十三号在中国酒泉卫星发射中心成功发射了。看到这一幕，幼儿们都兴奋极了。幼儿是天生的探索家、科学家，他们对神秘又迷人的太空更是有许许多多的奇思妙想。《3—6 岁儿童学习与发展指南》(以下简称《指南》)中指出：幼儿科学领域的学习核心是激发探索兴趣，体验探究过程，发展初步的探究能力。《指南》中还提到，幼儿应知道国家一些重大成就，爱祖国，为自己是中国人感到自豪。短短 22 年，中国的"神舟"系列载人飞船完成了巨大的飞跃，这是一场载人航天圆梦之旅。我们以此为契机，带领幼儿开展了"了不起的宇航员"活动。

一、追随兴趣，开展课程活动

（一）神舟十三号发射

1. 观看发射视频

我们一起观看了神舟十三号发射的视频。当看到火箭成功发射时，孩子们都发出了"哇"的赞叹声，还情不自禁地鼓起了掌。

随之而来，孩子们有了很多疑问：

"太空在哪里？为什么要去太空？"

"太空里有什么？"

"火箭是怎么飞上天的？"

"怎样才能当上宇航员？"

……

2. 前期经验大调查

面对这么多问题，我们请孩子们自己进

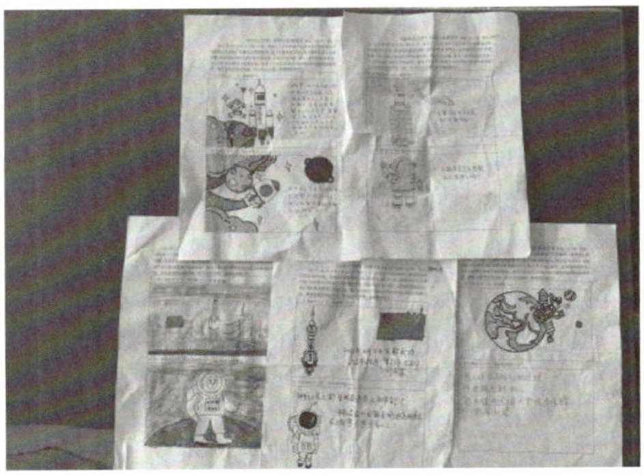

行调查，可是怎么调查呢？

奕茹：“我们可以问老师，也可以回去问问爸爸妈妈呀！”

昱彤：“我可以用我妈妈的手机查一下。”

文禹：“我可以在书上找。”

面对问题，孩子们想尽办法去了解。还在调查问卷上记录了自己的调查发现。

3. 小小播报员

紧接着，孩子们当起小小播报员，在老师、同伴面前分享自己的调查结果！

“我爸爸说这次发射的是神舟十三号，上面有三位宇航员，翟志刚、叶光富叔叔和王亚平阿姨！”

“我爸爸在平板电脑上给我看了视频，航天飞船上有很多推进器，那些推进器能帮助火箭发射上太空，不会掉下来。”

“其实还有神舟一号、二号、三号、四号呢！”

“对的，我也知道！”

（二）“神舟”系列大探索

神舟一号、二号、三号……原来我们中国发射过这么多神舟飞船啊！一番探索和了解后，“神舟大事件”在孩子的画笔下应运而生。

教师思考

从兴趣出发，引发幼儿积极思考、探索，继而让他们产生强烈的参与愿望和表达欲望。完成调查问卷后，我们为幼儿创设了自由、宽松的交流环境，鼓励和支持幼儿表达自己的调查发现。

在了解了神舟火箭发射后，我们惊喜地发现，孩子们在区域游戏中画出了火箭发射的全过程，在建筑院建起了火箭发射台，还萌发了想做一名宇航员的愿望……

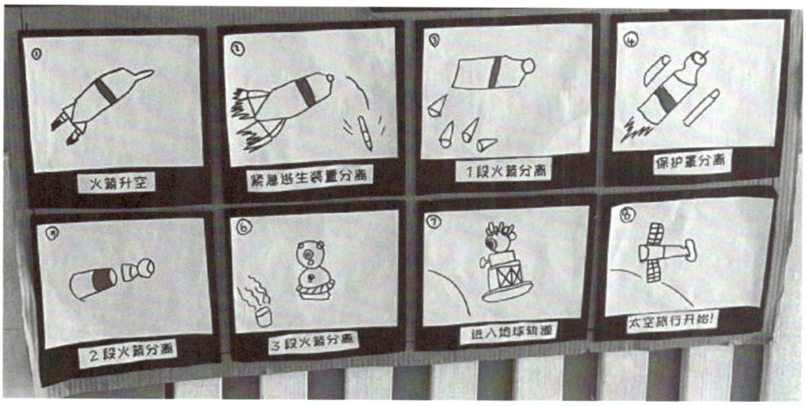

教师思考

幼儿将所获取的关于航天的信息通过绘画、建构等表征形式呈现出来，表达了自己的想法和见解，让自己的所思所想有所体现。

（三）我也想成为宇航员

大家展开了讨论。

“我想成为一名宇航员！”

“爸爸告诉我神舟一号、二号、三号、四号都没有宇航员的。”

“我知道杨利伟叔叔。”

“他是我们中国第一位宇航员，神舟五号的宇航员。”

老师：“那怎样才能成为像杨利伟叔叔那样了不起的宇航员呢？”

大家争先恐后地回答：“要学会很多本领才能当宇航员。”

“要知道怎么开航天飞机，还要会修那些机器。”

“要勇敢的人才可以当宇航员，因为太空里很危险。”

“我妈妈说身体要棒，一直生病就当不了宇航员。”

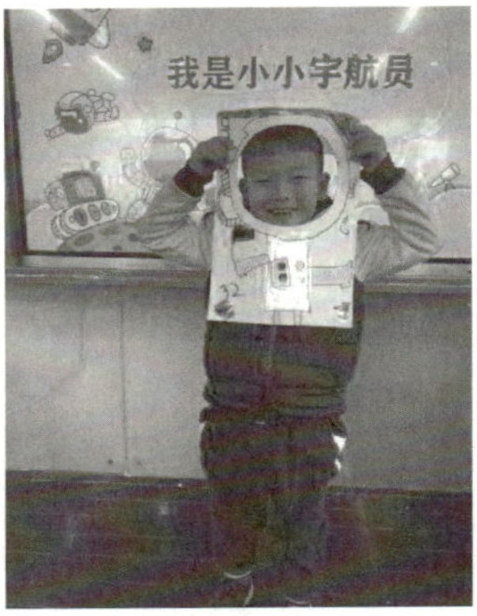

（四）太空生活知多少

1. 新的疑问

宇航员叔叔在太空中是怎么生活的呢？孩子们的疑问随之而来。于是，我们开始了宇航员太空生活的探究！

“他们能看到地球吗？”

“在太空里一定要穿宇航服吗？”

“为什么在太空里东西都会飘起来呢？”

“他们在太空是怎么吃饭、睡觉的？”

2. 听一听、看一看，在电子图书、绘本故事中找寻答案

我们投放了《宇宙空间站的一天》《长大了做什么——宇航员》等绘本，和孩子们一起在书中了解在空间站的奇妙生活。原来在太空中东西都会飘起来，宇航员要在睡袋里睡觉，都是因为失重。

3. 一起观看“天宫课堂”

我们一起观看了“天宫课堂”第一课，由神舟十三号的三名宇航员在中国空间站进行太空授课，介绍展示了中国空间站的工作生活场景，演示了在微重力环境下的一些奇妙现象。王亚平阿姨每做一个实验，孩子总会发出“哇”的赞叹声。

小博：“这就像在变魔术！”

小泽：“就像魔法一样！好神奇啊！”

4. 宇宙生活大不同

在对太空生活有了一定的了解后，孩子们开始比较起了太空与地球的不同，他们发现：

“我们吃饭是用筷子和碗吃的，宇航员在太空都是在袋子里用吸管吃的。”

“我们洗澡是用水洗的，宇航员在太空只能用湿毛巾擦一擦身体。”

“我们在幼儿园做游戏，可以跳绳、拍皮球，宇航员在太空里也要锻炼，但是他们是把自己绑在跑步机上跑步的，不然会飘起来。”

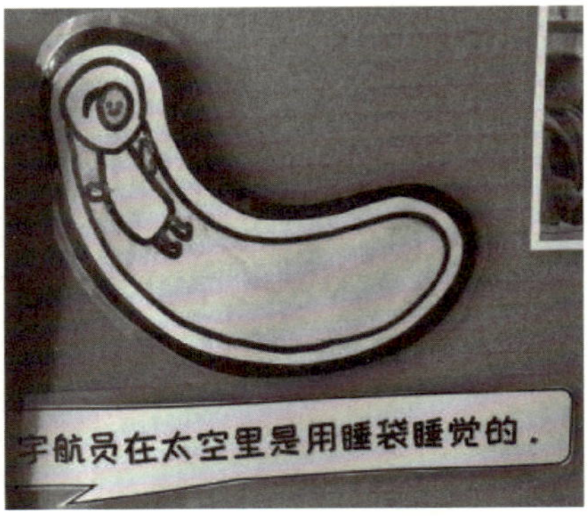

教师思考

当幼儿拥有好奇心和兴趣时，问题自然生发。教师可通过适时帮助、引导幼儿主动探索等方式有效帮助幼儿学习和发展，使其获得新经验。

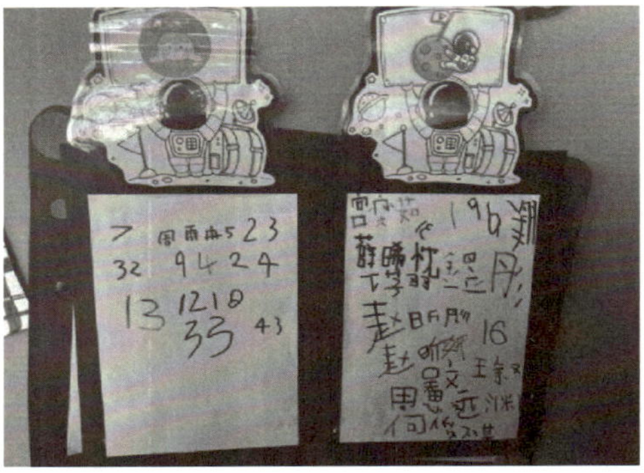

5. 大家来投票

“太空好好玩！我也好想去太空生活！”

“我还是喜欢在地球上生活！”

孩子们又一次争论了起来。

“我们投票吧！看看哪个票数多。”

“可是每天都有小朋友请假，统计不全怎么办？”

“我们可以签名投票！请假的小朋友等他来了也可以签名的。”

于是大家拿来了两张纸，开始投票比较。

6. 神舟大辩论

“果然还是喜欢太空的小朋友多！”轩轩看了看投票结果后说。

睿睿说：“但我还是更喜欢地球生活。”

我们组织了一场神舟大辩论。请孩子们分为正反两方来说一说自己选择的理由。

“我喜欢太空的生活！因为太空里东西都是飘浮着的，很有趣。”

“太空里有好多漂亮的星星，我也想到

太空去！”

“我还是喜欢地球，因为这里有我的爸爸妈妈。”

“我可以去太空中看看，再回来！”

“我喜欢地球，因为可以玩滑滑梯，还有好多好吃的！”

教师思考

小小的辩论赛为幼儿搭建了一个展现自我的平台，让幼儿在同伴面前大胆表达自己的想法和意见，从想说到敢说，培养了幼儿倾听、交流、合作、分享等能力。

7. 六个月有多久

从关于太空、地球生活的投票结果来看，喜欢太空生活的小朋友比较多！孩子们开始有了新的疑问。

“去了太空后多久才能回地球呢？”

“宇航员叔叔会不会想家？”

“对啊！他们什么时候返回地球呢？”

“我知道！要待 180 天！就是差不多六个月！”

“可是六个月有多久呢？”

“我们可以看日历，就知道他们已经待了多少天了！”

于是在日历上画一画、在记录板上记一记，成了孩子们每天都会做的事情，孩子们期盼着宇航员叔叔阿姨们回到地球的那一天！

三、活动反思

在课程实施的过程中，孩子们常常发出感叹："宇航员叔叔阿姨们太厉害了！""我们的祖国真了不起！""太空好神奇啊！"这一句句孩子们的心声道出了他们对太空无限的憧憬，也道出了他们对中国航天英雄们的敬佩之情，希望这次小小的活动，能在他们心中种下大大的"航天梦"！

我的自然角我做主

自然角是幼儿园最具特色的一片场地，在自然角中，幼儿能够感受到生命的顽强、自然的魅力、季节的变换等。教师充分尊重幼儿，鼓励幼儿成为自然角的主人。

一、发现教育契机，给予支持

常有孩子带玉米来幼儿园进行分享，加上幼儿园午餐常吃玉米，于是他们对玉米产生了兴趣。教师在自然角中为他们准备了许多小空盆，鼓励幼儿尝试种植。

二、鼓励幼儿主动尝试

1. 反复种植

孩子们将玉米用整根、半根、颗粒的形式进行播种，满怀期待地开始记录玉米的生长过程，但最后全部发霉，种植失败了。

朱迪："玉米又发霉，死掉了。"

潇潇："我们可以帮助玉米做点什么呢？"

一帆："霉菌在玉米上，要把玉米上的霉菌洗掉。"

Jojo："换一盆土。"

皓皓："换一盆玉米。"

于是孩子们又带来了许多玉米，他们纷纷根据自己的想法进行实验。

玉米发霉的速度很快，教师决定给予幼儿一些时间做一些"错误"的尝试。

子怡："湿答答的玉米还是一直在发霉。"

大宝："玉米太湿了，要想办法变干一点。"

缪缪："上次用毛巾擦干了，但还是发霉了。"

一帆："晒太阳。"

教师思考

在师幼共创环境的过程中，幼儿在初次试验后遭遇失败，在再次失败后重新尝试。幼儿在不断试错的过程中一步步创建班级的自然角，不断积累着自己的经验。

2. 丰富的环境创设推动多元的观察记录

经过"十一"假期，玉米居然长出了又高又密的芽。孩子们十分惊喜，围着高高的叶子不停地观察、抚摸。

教师思考

师幼共创的丰富环境、自由宽松的观察平台，为幼儿的深度探索提供了可能，让他们放心、大胆地表达真实情感。

三、促进幼儿深度学习

1. 分区实验

Jojo："我的玉米粒晒干也可以发芽吗？"

皓皓："还有什么样的玉米可以发芽？"

通过尝试，孩子们发现玉米粒、竖着的玉米、横着的玉米都会陆续发芽。玉米实验基地终于初具雏形。

2. 记录促进幼儿深度学习

“为什么有的芽长得快，有的芽长得慢？”

于是孩子们开始了更深层次的探索，他们对于阳光、种植方式、玉米种类进行了进一步的实验。

玉米基地实验并不止步于让玉米发芽，多重对比的实验促使幼儿在记录中能够仔细观察、勤加思考。

教师思考

自然角的环境并不仅限于收集与观赏，教师更应该带领幼儿用发现与记录丰富自然角的内涵，挖掘更多的教育契机，帮助幼儿在自然角进行深度学习。自然角是幼儿认识大自然、感受生命的小窗口。幼儿在与自然角互动的过程中，也在不断地打造有生命力的自然角环境。

离园倒计时

区域游戏是主题课程的延伸，是促进幼儿学习与发展的途径之一，因此，我们要重视区域游戏环境的创设和利用，让环境创设为主题课程服务。

一、尊重儿童主体，师幼共创主题课程环境

教师在大班“离园倒计时”主题课程开展前，及时与幼儿进行讨论。在此基础上，教师发动幼儿共同收集材料，并对主题课程背景下的区域环境进行初步创设。

教师思考

教师在创设主题环境的时候，要把区域融入主题活动，与课程相适应。幼儿园课程要聚焦幼儿的积极性、主动性、创造性，实现环境和幼儿的互动，使幼儿成为主题环境创设的主人翁。

二、基于主题课程经验，区域内容动态调整

随着大班“离园倒计时”主题课程的深入开展，孩子们对小学生活有了进一步的了解：想像哥哥姐姐们一样背上小书包；想拥有一个琳琅满目的铅笔盒；想早早成为一名少先队员，佩戴上鲜艳的红领巾。由此，教师追随幼儿兴趣，调整环境，做好有效衔接。

教师思考

区域环境不是单一、长期不变的模式，而是随着主题目标、幼儿经验和兴趣等诸多因素的变化而不断调整变化的，教师应耐心地观察幼儿的表现、倾听幼儿的想法，鼓励幼儿大胆探索与表达。

三、跟随主题课程活动，区域材料“华丽变身”

活动美工区提供了大量的珠子、彩球等材料用于制作项链、手链，孩子们决定摆个首饰铺子，添上礼盒、纸袋，供大家制作“毕业礼物”。可见，随着课程的推进、新兴趣的萌发，材料可以适时改良或更换。

教师思考

在主题更换时，教师需要结合本班幼儿实际水平和兴趣需求来调整环境，并且根据幼儿情况，适宜调整材料，引导幼儿在新主题中探究和发现。很多区域材料被更换后依旧可以发挥其效用，持续为幼儿的游戏、学习服务。

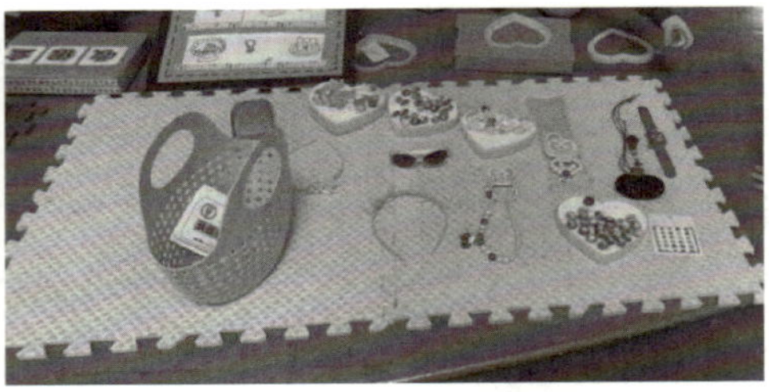

四、根据需求有效利用资源，区域空间适时延展

随着“离园倒计时”主题课程愈加深入，离别的时间也越来越近，孩子们纷纷用语言、动作、小礼物、照片等方式表达着对教师、同伴的依依不舍之情。他们在区域游戏中，会尝试用折纸的方式制作传统纸扇，并将其作为毕业礼物赠送给好朋友。一段时间的尝试后，他们已不满足于活动空间现有的材料，在教师们的支持下，纸团、吸管、无纺布、松果、贝壳、铃铛等材料“进驻”班级，孩子们充分体验了游戏的成功与愉快。

教师思考

随着主题课程的深入开展，幼儿对活动的需求、要求越来越高。当原有的场地、空间不足以支撑幼儿的想法时，教师应利用身边的资源，支持课程开展。

五、活动反思

教师需要让环境“活”起来，充分发挥区域环境的教育价值。因为课程的变化、幼儿活动的变化，环境自然就跟随着变化；而变化的环境又促使课程变化、幼儿活动变化。如此循环，在主题课程的背景下，区域环境创设与主题课程的开展显现出同步性、融合性的特点。

新闻中心·成立啦

元宵节前后，有记者对园长妈妈进行了采访，孩子们在家中看到电视转播后纷纷表示，能不能在幼儿园里设置一个电视台，让大家知道我们身边发生的事情。于是，班级开展了一系列的探究活动。

一、创设丰富的情境体验环境，激发幼儿活动的主动性

“幼儿园的元宵节活动上电视啦！”“我看到园长妈妈啦！”“好神奇，我们能不能也开一个播报站？”在热烈讨论中，大家得知前一天苏州电视台对幼儿园的元宵节活动进行了采访、报道，孩子们纷纷表示也想要开一个新闻中心，就此创立新闻中心的活动拉开序幕。决定要开新闻中心后，选址成了大家面临的第一个问题，到底开在哪里好呢？经过一番讨论，我们初步定在共享大厅。共享大厅空间很大，有电子设备，环境也很适合播报。但是中班的弟弟妹妹们正在共享大厅的小脚丫舞台上表演节目，作为公用场地，避免不了使用上的时间协调问题。孩子们决定前往门厅进行实地勘查后再下结论。门厅干净整洁，有电子传播设备，人来人往，是消息的汇聚中心，这里确实是一个不错的选择。

教师思考

新闻播报是大家耳熟能详的新闻传播方式，但对于幼儿来说这就是一项新鲜的、有意义的、富有乐趣的自我展示活动，它不仅要求幼儿有较强的语言组织能力和表达能力，还要求幼儿具备较强的逻辑思维能力以及是非曲直的判断能力。

二、提供开放式情境环境，发挥环境的互动功能

回到教室，教师与孩子们围坐下来一起讨论创立新闻中心需要的硬件设施及物品摆放位置，教师鼓励孩子们表达自己的想法。

琦琦："要有电视机，这样才能看到画面。"

荣荣："椅子、桌子都要，小记者要写报道和播报。"

安安："需要一个大舞台，还需要记者和播报员的衣服。"

阅阅："我可以回家和爸爸妈妈上网查一下，到底需要哪些东西，怎么摆比较好看。"

第二天，孩子们带着自己的设计图，结合调查的资料在大家面前进行描述。参与的孩子们将自己宝贵的一票投给了认为最合理的设计图。场地设计好后，孩子们利用碎片时间观察哪些物品可以为新闻中心所用。环境初步打造好后，孩子们觉得缺乏温馨感，又从家里带了一些适合的物品进行环境布置。此外，大家还邀请了"鲁班爷爷"翁师傅来帮忙打造更加适合新闻中心的小家具。在大家的精心打造下，"小脚丫"新闻中心终于创建完成了！

教师思考

在幼儿遇到困惑时，教师要发现和保护幼儿的好奇心及探究欲望，积极鼓励他们发现问题、分析问题和解决问题，帮助他们不断累积新经验，并应用到活动中。在此次收集活动中，大家需要的东西很多，教师给予了充分支持。

三、立足真实生活体验，呈现幼儿的精彩表达

新闻中心布置好了，孩子们决定举办剪彩仪式，邀请老师、小伙伴前来参与。于是大家兴奋地讨论起来。

媛媛：“我们可以制作一张海报，把它贴起来让所有人看到。”

教师：“那海报上可以呈现哪些内容呢？”

安安：“这个我知道，内容有哪天剪彩、在哪里、有什么人，流程有哪些。”

圈圈：“我们还可以录制个视频，一直播放让所有人都看到，就像电视上播放广告一样。”

经过几天的准备，在大家的期待与祝福中，“小脚丫”新闻中心成立啦！

教师思考

当幼儿沉浸在成功的喜悦中时，教师给予充分的鼓励和肯定是十分重要的，这一小小的举动可以帮助幼儿提升自我价值感，增强幼儿的自信心。

四、活动反思

幼儿不应是现成环境的享用者，而应是环境的创造者。设计创意从幼儿生活中来，设计过程由幼儿亲自参与。这样的环境才能引起幼儿更加深刻的认同感、依恋感，激发自我效能。基于儿童立场的幼儿园环境创设，要求园长、教师敢于放手，给幼儿提供充足的机会和空间，教师们要勇于将幼儿园的环境放手给幼儿创设，让幼儿通过直接感知、亲身体验、实际操作来建构经验，进而真正实现环境作为隐性课程的教育价值。

山坡地图诞生啦

在幼儿园里，有一座深受孩子喜爱且资源丰富、妙趣横生的小山坡，山坡上不但有风景独特的小树林、长长的斜草坡，还有充满挑战与乐趣的蚂蚁洞钻爬网。小山坡上的游戏材料在孩子们的创造与收集中逐渐丰富了起来。

一次游戏结束，有人提出还没玩够，可是时间这么久，怎么会来不及玩呢？于是调查开始了。

一、材料调查

哥哥姐姐们留下的游戏材料非常丰富，许多材料孩子们只识其貌，不明其用，游戏结束后，师幼立即展开讨论，山坡上到底有什么材料？这些材料又是怎么玩的？

小宇：“我一开始在玩‘手榴弹’，但是我不知道去哪扔。轩轩叫我去山坡上跟他一起玩弹力风筝。”

轩轩：“我觉得两样材料差不多，都是扔下去飞的。”

萌萌：“但是玩法不一样呀，弹力风筝有皮筋。”

小宇：“对，风筝很有趣，所以后来我就去玩弹力风筝了。”

轩轩：“小宇拿到飞机后，我们没玩多久就结束了。”

小宇：“因为看着都很好玩，有的都没见过，我们挑选了很长时间。”

原来材料的丰富影响了孩子们游戏时的选择。

教师思考

第一次的材料统计虽然有些粗糙，但也有数字、图示等基础信息，在这个过程中，教师为孩子们的经验交流搭建了平台，让他们表达自己的观点，提出问题并分析解决。

二、标志来帮忙

针对初次统计中出现的问题，孩子们达成了初步的共识——需要一套统一的标志来标记材料，方便大家统计时使用。孩子们利用材料的外形特征进行绘画，形成了一套大家都认可的材料标志。

孩子们对管理材料的方法展开了讨论，各持己见，在现场快速投票后，决定根据材料的玩法进行分类整理，并将游戏材料调换到合适的存放位置。但大家发现，其他班级的小朋友来小山坡游戏后，材料的位置又变得混乱了。

孩子们希望制定一个规则，所有的班级都能根据这个规则整理游戏材料。在散步途中，孩子们受到幼儿园资源地图和种植园地图的启示，提出做一张山坡地图的想法。

三、制作地图

孩子们利用一次户外游戏的时间，拿起记录本画下了山坡的大致地形。孩子们画的地图是多种多样的，有半圆形的造型，树屋、滑索道标志的造型，也有以栏杆、花墙为辅助的山坡轮廓图等。这些画面诠释着孩子的两种视角：正视图和俯视图。一些孩子认为俯视小山坡可以画得更加清晰，而更多的孩子都选择站在山坡正面视角进行作画，这样画出来的小山坡更为形象。

在画好山坡地图的雏形后，孩子们拿着自己的地图，前往山坡现场在画面上添画材料标志。这一次，两种形式的地图的利弊跃然纸上。即使材料标志画得很小，在正视角的山坡地图上仍然显得比较拥挤。而俯视角的地图有着充足的空间能画下这些标志，于是大家想在原有俯视角地图的基础上画出一张精准的山坡俯视图。

接着，孩子们带着手机到山坡高处位置，拍下许多照片。

孩子们试着把多张照片组合在一起，并用多张铅画纸拼在一起进行整体绘画，但因构图过大，这一方法没有成功。想要在纸上画出准确的山坡平面图，显然仅依靠照片是不够的，为此，教师开展了一次“中国地图”的活动，让大家了解图片在电子白板上可以改变大小。受该活动启发，孩子们也想在白板上试一试缩小山坡地图。通过仔细观察，萌萌和思思掌握了地图的方位信息，相互配合拼凑出山坡照片，再以描绘轮廓线的形式进行尝试，得到了山坡地图的电子版本。

教师思考

制作山坡地图的活动打破了幼儿思维的局限，将绘制地图的任务从多方面受限的纸上，带到了电子白板上，从而解决了两个问题：(1)幼儿对大型纸张构图把握能力不足。(2)纸张绘制无法实时调整照片的角度、方向。小组合作的形式任务分配明确，能充分发挥每个人的长处。互动中，幼儿有良好的合作意识，合作能力也得到了提升。

四、活动反思

随着户外游戏的开展和主题的推进，这份地图的信息逐渐丰富起来。孩子们把调查到的树木信息和新开发的山坡游戏添加到这张地图上，使得这次活动更加丰富有趣了。

第三篇

笃·童心之意

优化户外游戏环境，有效开展幼儿自主体育活动

《幼儿园教育指导纲要（试行）》（以下简称《纲要》）健康目标指出：开展丰富多彩的户外游戏和体育活动，培养幼儿参加体育活动的兴趣和习惯，增强体质，提高对环境的适应能力。《3—6岁儿童学习与发展指南》中也指出，幼儿园应多为幼儿提供自由交往和游戏的机会，鼓励他们自主选择、自由结伴开展活动。在当前倡导幼儿园课程游戏化、幼儿自主性游戏的大背景下，户外体育活动以自由、自主的形式开展，不仅能让幼儿身心愉悦，帮助他们提高运动能力，更能促进他们身心的健康发展。

如何切实有效地开展幼儿户外自主的体育活动呢？苏州市姑苏区新康实验幼儿园（以下简称“我园”）首先从环境入手进行了优化。

一、科学规划户外运动场地，不断优化自主运动的环境

（一）设置相对独立又具有灵活性的运动区域

根据对幼儿动作发展的技能要求，以及对游戏材料的分类，我园将户外运动场地分成平衡区、跑跳区、攀爬区、球类区、投掷区、骑行区等。我园综合考量了幼儿园的独特场地特点，以及园所固定的体育器械，对各个运动区进行了科学规划。比如：跑道边设置一排木质玩具，有木桩、绳索桥、摇摆绳，围绕这些玩具，我们将可搬动的平衡木、自制的梅花桩、高跷、竹梯等都摆放在一起，形成极具特点的平衡区。围绕大型活动器具，我们将爬垫、竹梯及可自由搭建的攀爬架投放在一起，变成攀爬区。在幼儿园的小型篮球场，我们将一些球类玩具，如篮球、足球、门球、羊角球等，组成球类区。设置区域，就是让幼儿选择自己喜欢的区域进行运动，不仅让幼儿在该区域锻炼专项能力，也能让老师们有目的、有针对性地进行指导。

（二）与幼儿园户外自主性游戏场地进行有效整合

我园有多个户外自主性游戏的区域。在户外运动时，我们结合每个户外游戏区域的自身场地，与运动场地进行有效整合。比如，在“新芽大本营”里，幼儿在玩“打仗”的情境性游戏，我们就结合事先布置好的CS场地，提供竹梯、轮胎、柴油桶、爬垫等，使之成为平衡区和滚动区的一部分。在“新光小舞台”这个游戏区域中，将新光小舞台与竹梯、绳索等结合，这块场地就与攀爬区进行了整合。种种举措，不仅大大扩展了原有的运动场地，而且能够让幼儿在他们喜欢的户外游戏场地中进行运动，更快乐地投入体育活动。

二、科学选择并投放丰富的运动材料

运动材料的投放，很大程度上决定了幼儿在体育活动中的状态。在投放运动材料时，我们需要依据以下几个原则。

（一）安全性原则

《纲要》指出，幼儿园必须把保护幼儿的生命和促进幼儿的健康放在工作的首位。只有安全的环境，才能让老师敢于放手，从而将自主运动的权利交给幼儿。安全保障是开展自主运动的前提与必备条件。

1. 场地的安全

场地的安全是幼儿进行体育活动的首要条件。如在骑行区，要考虑骑行的区域是否有足够的空间，使他们在使用时不会碰撞到其他运动中的幼儿；跑跳区也要考虑地面是否平整，以防幼儿摔伤或绊倒。最重要的是，场地的设置不能遮挡教师观察幼儿运动的视线，防止幼儿在体育活动中出现意外状况。

2. 设备放置的安全

设备的放置要考虑幼儿运动时可能出现的状况。如在球类区，要考虑玩足球、篮球的幼儿是否有足够的独立空间；篮球架和足球门框设备间的距离不能太近，以防幼儿为争夺场地或是玩游戏时穿梭、奔跑而发生碰撞。

3. 材料的安全

材料的安全，需要教师在运动前做个有心人，定期给体育器械和玩具做安全检查。如在攀爬区，投放竹梯前，教师要做好防滑的处理，幼儿投掷的玩具要预先测试，确认玩具投掷在小朋友的身上、头上，不会力量过重。此外，还要定期检查竹梯是否稳固。

（二）取放自由便利原则

我们在每个区域都搭建了一个玩具存放棚，里面摆放了各种各样的器械和玩具，便于幼儿自由取放。允许幼儿选择自己需要的游戏材料，从而开展自己喜欢的体育游戏。以跑跳区为例，幼儿可以将塑料圈摆放在地上，锻炼单、双脚跳，还有幼儿借助塑料圈玩起了“跳房子”；部分幼儿选择路障玩具，摆放好后，有的幼儿玩绕障碍走，还有的幼儿绕着障碍走高跷、“赶小猪”等。这些运动材料实现了自由、便利地取放，为幼儿户外自主性的发挥创造了条件，能最大限度地激发他们对体育活动的兴趣，促进他们运动能力的发展。

（三）适龄性原则

幼儿好游戏的天性，要求运动材料要童趣化、多样化。拿跑跳区为例，我们提供了很多拖拉玩具，让小班幼儿在拉拉小车、遛遛“小鸡”的情境中，提高他们走、跑的能力。在中班，我们投放了可拉动的轮胎小车，一个幼儿坐在轮胎上，另一个幼儿拉动小车，既满足了幼儿走、跑的需求，也满足了他们交往的需求。在大班，我们投放了降落伞背包玩具，幼儿背起降落伞奔跑起来，风的阻力大大提高了他们奔跑所需要的力量，而与风的抗衡，也培养了大班幼儿不怕困难、勇于挑战自我的品质。针对不同幼儿的年龄特点，科学选择和投放游戏材料，充分发挥玩具材料的运动功能，从而保证了让不同年龄段的孩子都能不断提高运动能力。

（四）挑战性原则

在保证安全的情况下，提供的运动材料也要兼具挑战性，以便有效激发幼儿的兴趣，提升他们锻炼的实效性和创造性。拿摇摆木桩来说，园所的木桩上都有一条钢丝固定着，为了提高挑战性，我们将下面一条固定钢丝解开，这个木桩就变得十分灵活，幼儿在走的时候，需要运用更多的手部力量，对双脚移动的速度与身体的平衡能力也有更高要求。另外，教师可以通过临时材料与固定材料相结合的办法，来增加挑战性。以大型活动器械为例，提供几个长梯子或几条粗绳子，幼儿用长梯或绳子来上下滑梯，更具挑战性与趣味性。让孩子们自由摆放与利用一些材料，如绳子、布条、柴油桶、轮胎等，也能让户外运动大放光彩。

幼儿园一日活动皆课程，幼儿的学习主要是依靠与周围客观事物的相互作用来实现的。在不断优化户外活动环境，鼓励幼儿积极、有效地投入自由、自主的体育活动中，教师要从幼儿的兴趣和需求出发，关注幼儿的关键性经验，挖掘课程资源，通过多样化的活动，让幼儿在与户外体育活动环境资源的相互作用中获得发展。

美美与共，锻造大美绣园

——课程游戏化背景下的园所环境建设

随着课程游戏化项目的推进，作为江苏省第四批幼儿园课程游戏化前瞻性实验项目共建园，昆山市绣衣幼儿园（以下简称“绣园”）以《3—6 儿童学习与发展指南》为引领，依托“大美绣园”园所品牌，将环境的改造和创建作为课程游戏化项目建设的一项重要内容，在环境中渗透“自由、自主、创造、愉悦”的游戏精神，努力为幼儿创设开放、自主的学习环境。

疏影横斜水清浅，雀飞蝉鸣四季景，童声朗朗暮霭间，拂过悠悠绣园中。走进绣园，每一方空间都融进了舒展身心的艺术滋味，每一处区角都渗透了陶冶性情的文化内涵，每一片院落都浸润着生发智慧的匠心创意。在一系列的环境变革中，环境的优美奠定了“大美绣园”的基础，文化的臻熟积蕴了“大美绣园”的品质。作为昆山市首批优美校园，绣园人始终坚守“倾注真挚爱心，培育纯洁童心”的教育初心，美美与共，和合共生，倾情锻造“韵美、稚美、和美、润美”之“大美绣园”。

一、韵美绣园——打造富有艺术气息的公共空间环境

我们注重环境中韵美元素的凝练，统筹考虑每一处建筑和每一个景观的文化意蕴。通过规划、命名为环境赋形，将韵美元素和文化功能渗透于建筑景观、曲径走廊、公共区域、楼道玄关等地方。如高端雅致的“人文大厅”“阅读空间”“体育长廊”“绿植楼道”，童趣温馨的“主题转角”“趣味摆设”“艺术插花”，处处弥漫了浓郁的韵美气息。

我们还以“自由、自主、创造、愉悦”的游戏精神为引领，将建筑与自然无缝对接。合理规划户外场地，形成了八个板块十五个游戏空间，如“绣园舞台”“农家小院”“大型建构”“快乐骑行”“艺术创想”“沙水世界”“音乐天地”“野外拓展”等。我们创设的“一米菜园”“天桥花园”“空中香草园”“雨水收集区”等一系列公共游戏环境，让孩子们在生活、游戏中聆听自然的声音，欣赏四季的色彩。

为了充分发挥原有设施设备最大的教育价值，我们在已有的硬件设施上叠加了各种辅助设备，使其教育功能更加完备与立体。如我们利用木条、木板和迷彩布，使单一功能的攀爬架叠加变身成集钻、跳、平衡等多功能的组合器械；在儿童戏水池上架设宽窄两个荡桥；在已有小斜坡上叠加轮胎变成小型“轮胎山”，搭配攀爬墙、垫子、竹林等展开“野外探险”游戏；将教工地面停车位改为幼儿骑行区，利用地下车库侧墙装配有机玻璃，成为户外涂鸦区；等等。经过多次实践与改造，目前绣园的户外体育活动区已由较单一的纯器械区变为集运动、游戏、社交为一体的多元化活动区域。

结合绣园江苏省“十三五”课题“幼儿园‘快乐运动’项目的开发与实践研究”，我们还在宽阔的室内走廊进行了“特色运动长廊”的创设实验，统一规划大厅，开辟走廊格局，利用楼梯搭建，渐渐地，每个楼道的存在都有了新的意义：攀爬、悬挂、平衡、投掷，各个功能区逐渐成形，各个器械相互交叉搭配使用，绣园在实践中探索，在挑战中创新，在游戏中感受学习与成功的快乐。

我们尝试“柔化”绣园，力求让校园多一些植被，多一份色彩。我们减少“硬”灌木，改造“一米菜园”，让幼儿参与种植、体验收获；减去“硬”框架，修缮“天桥花园”，让楼上的班级也能推门见绿、随时观察；移植花坛原有灌木，修缮草坪，设计改建“木屑地”，形成让幼儿可以真正走进去、玩起来的“小树林”；利用“天桥花园”地理优势，和幼儿一起搭建雨水收集系统，探索自动灌溉功能，感知水的流动；为避免功能重复，实现绿植价值最大化，把三楼种植园改建成“香草园”，种上薰衣草、薄荷、迷迭香……这一系列的改造，让探索乐趣、知识经验与草香、花香一起在全园萦绕，让幼儿在生活中聆听自然的声音，欣赏四季的色彩，感受生命的力量。

二、稚美绣园——建设提升幼儿素养的班级支持性环境

我们将班级环境建设作为重要的教育资源，注重构建以提升幼儿多元素养为目标，以支持性为特征，以参与、互动、导向为要素的环境。我们根据班级的原有设施结构，创设了语言区、建构区、益智区、科学区、美工区、生活区、表演区等七大学习性区域。每个区域顺势而成、巧妙连接，既开放又相对封闭，既有一定间隔，又能自由交流。同时，我们以“小小播报员”“游戏计划书”“区角公约”等创设情境，实现儿童的自主管理。注重儿童视角下的美感表征的体现，在班级环境中渗透激发儿童新奇感、愉悦感、趣味感的美学成分，提升审美功能，打造基于审美品位的儿童空间。

随着幼儿自主学习活动的不断深入，我们也越来越体会到原来的区域设计已过于“扁平”，小组化、个别化的学习活动已从桌面、地面延展到了墙面，更进一步发展到

柜面和悬挂空间，这就要求老师学会“做乘法”，不仅能挖掘室内各个平面的教育功能，更需有意识地建构立体联系，打开区域间隔，使整个班级成为一个学习立方体，充分发挥其教育价值，达到事半功倍的效果。如充分利用美术区的立体空间，从桌面到柜面，从展示架到悬挂杆，将材料及作品运用多种方式进行收纳与展示，幼儿进行艺术创作的材料丰富多样，展示作品的空间立体多维，更能激发他们创作的兴趣与灵感。在科学区，我们突破平面示意图的限制，自制相关实验视频，上传网络后生成二维码，幼儿在遇到困难时可以用平板电脑扫一扫，学习方法、探究流程，最后再由视频给出小结，帮助孩子归纳出实验结论，或进行进一步的启发与引导。这种项目式的实验操作更自主、更完整，解放了教师，不用再纠结是否要指导、该如何指导，也释放了幼儿探索的天性，真正做到让幼儿自主学习。

除了充分利用室内外空间、努力搭建网络空间外，我们还在积极探索意识空间对幼儿的影响。结合“书香校园”的打造，每个班级都在尝试营造不同风格的“绘本空间”，在已有主题课程框架的基础上开展班本课程研究，把绘本融入教学活动、区域活动甚至生活活动中，充分挖掘绘本在图画、文学、科学、情感多方面的教育价值，把那些美好的、积极的意识形态和丰富的、严谨的知识经验通过阅读、交流、操作、角色扮演等途径传达给孩子。

三、和美绣园——营造和谐柔性的教育人文环境

优美校园是校园自然环境和人文环境的和谐统一。我们以多种手段营造“大美绣园”文化浸润下的“和美”人文环境，执行柔性的管理和教育方式，将“和美”因子浸润在园所的每一个细节中，饱含人文关怀，饱含文化渗透，饱含内驱激励。我们注重营造宽松、和谐、富有情感的精神氛围，促使教师和幼儿在个性和智慧上全面提升；我们从守文明礼仪、善待人接物、会微笑交流开始。在制定规章制度时，主动听取并采纳合理化意见；在团队相处中，倡导真诚无私、坦诚相待、人文关怀、帮扶互助，和美园所时时处处、点点滴滴中尽显平和温馨。

从幼儿园层面，校园文化环境完成初步打造后，会有一个不断融合与更新的过程，因为它不仅反映了园所管理层面的教育宗旨，也是教师教学理念、幼儿培养目标的集中体现。随着课程游戏化改革的不断深入，“自由、自主、创造、愉悦”的游戏精神不仅贯穿于孩子的学习过程，也使每一位教职员工都经历了一次精神洗礼，对校园的人文环境产生了深远的影响。首先，更自由。教师改变理念，大胆放手让幼儿去设计、去创造他们想要的游戏氛围。其次，要自主。大到环境改造，小到班级特色，教师拥

有更多主动权，在一线的他们有更多一手资料来判断幼儿的实际需要，再提出切实可行的意见。再次，能创造。从“改变一点点”做起，才能有突破自我的新生。最后，会愉悦。幼教工作琐碎繁杂，乐于“寻开心”，发现成就感，会获得更多职业认同与幸福感。

四、润美绣园——依托环境内涵形成的文化引领

美浸心灵，美润园所，我们致力于“大美绣园”文化的重塑和再构，倡导“大格局、大视野、大情怀”，以“美的理想、美的情操、美的素养”为师德标准，以“以美怡情、以美启真、以美引善、以美育人、以美创新、以美成长”为实施策略，进一步丰厚“大美绣园”文化体系，从而实现以环境内涵为先导、以文化建设为助推的园所文化品质的整体提升。

幼儿园环境融入校园文化中体现的美是多方面的，有形的幼儿园空间和无形的精神内容都蕴含着美。美即品质，美即文化，幼儿园中各种各样的美是文化建设的各个方面，梳理幼儿园环境中的美育元素并以此为基点构建幼儿园校园文化体系是可行的和必要的。绣园以“环境的韵美，教师形象的润美、心灵的善美，幼儿发展的稚美，特色课程的精美，校园氛围的和美，园所发展的完美”建立丰厚的“尚美”校园文化体系。把“美”贯穿在园所氛围、园所环境等各个方面，不断推动“尚美校园”的打造，使之融入幼儿园文化建设中，整合美育元素，形成了独具特色的幼儿园文化体系。

环境、文化，相生相伴；优美校园，各美其美。展望未来，我们矢志不渝，我们砥砺前行！

立场有恒，支助无痕

作为苏州市幼儿园课程游戏化前瞻性实验项目环境改造研究共同体成员单位之一，苏州高新区成大实验幼儿园（以下简称“成幼”）始终将户外环境的整体规划改造与游戏材料的有效投放使用作为重点进行研究。随着项目研究不断推进，我们不断向自己发问：如何对现有的环境资源进行分析与改善，让户外活动的开展更加贴近幼儿的实际发展水平？如何在儿童立场的引领下，投放适宜、丰富的活动材料，引发幼儿在户外活动中持续、深入地学习？如何在儿童视野下，有效将户外运动场向游戏场、学习场、体验场转变？……带着这些问题，我们且思且行，且行且思。

一、立场有恒，共生共长

（一）明确方向

全体老师围绕“户外环境与材料”进行了深度思考，通过多层次、多角度的系列研讨，大家首先明确了立场：“让幼儿做有意义的事”是每一位成幼人应有的态度与出发点，只有真正地从儿童立场出发，教师才能真正关注儿童发展。所以我们努力将“真实、开阔、自然”三大理念融入思想与行动之中，将户外活动空间进行了重新规划，从观赏性向体验性，从单一性向整体性，从浮于表面向真实聚焦，从华而不实向共生共长，深入挖掘户外课程的发展走向与空间，明确儿童立场下园本课程建设的基本理念。

（二）专家引领

幼儿教师不缺实干热情，但是缺少理论支撑、理性思维、精准评价。针对这些短板，我们邀请了南京师范大学原晋霞教授及其研究生团队，每月一次以“立足实践、基于问题”为原则，开展真实、有效的研究实践，还邀请了台湾新竹教育大学周淑惠教授、江苏省教育科学研究院叶小红博士、苏州市教育科学研究院戈柔老师、苏州市高新区教学研究室傅荑老师，针对成幼实际情况进行剖析与指导，在原有环境中进行大胆改造与创新，不断改造陈旧观念，生成新的理念。通过“制订计划—行动实践—观察分析—反思评价—再行动—再改进”的循环上升的研究路径，在专家引领之下用心打造互动式环境、对话式环境、浸润式环境的校园，努力做有教育主张的、有文化烙印的、有课程要素的、有幼儿足迹的户外环境。

（三）整合资源

我们喜欢大自然，是因为它清新、纯真、有活力，所以在户外游戏过程中，始终会关注“自然生命力”元素，不断寻找适合自己的、可持续发展的资源。在崇尚自然的过程中，我们的户外活动环境不断优化，活动材料不断丰富。如二楼操场中，最初提供的材料有木梯、油桶、轮胎、钻笼等，随着挑战难度的增加，幼儿提出了很多可行性方案，借助本园地处装饰城，部分家长能提供相关资源的优势，逐步收集、补充了纸筒芯、PVC 管、纸盒、塑料罐等材料，使活动情境不断丰富，挑战难度不断升级。

（四）广纳智慧

幼儿园的环境和氛围在很大程度上能真实呈现这所幼儿园所有员工所秉承的儿童观、教育观。所以在户外游戏推进过程中，不管是管理者还是教职员工，都会尽可能以开放的心态、广阔的视野、创新的思维来贡献智慧。我们通过专家引领、理论学习、集体沙龙、小组研讨、外出观摩等多种方式打开思维，用尊重、理解的态度对待幼儿出现的问题与错误，吸纳不同领域的知识，从原来单一的教育视角逐步走向多元，全园上下将教师、员工、家长、共建单位、社区的各项资源有效整合，挖掘潜力、统筹改造，在环境中真正彰显幼儿意愿，让幼儿成为环境的主人。

二、支助无痕，共融共享

（一）空间改善

在环境改造中，我们坚持“尽空间所能，极儿童所需”的宗旨，与孩子一起赋予空间新的生机。例如，车库外墙是真石漆，表面粗糙易积灰，存在安全隐患。我们在围墙上装了亚克力板、木板、轮胎，增加颜料、画笔、画布，形成了户外艺术畅想空间；沙池面积过小，不能完全满足幼儿活动需要，我们将转角绿化作调整，保留部分树木，开辟了一个沙池与水池有机融合的小天地，加入流水、水管、瓶子、竹筒、树枝等，使沙水游戏主题更为丰富，建构更有创意，情境更为生动。围绕“儿童立场下的户外游戏活动”主线，挖掘潜力、统筹改造，精心为幼儿打造健康成长的运动场、快乐成长的游戏场、智慧成长的学习场：过道围墙变为“艺术长廊”，草坪转角变为“开心农场”，消防通道变为“野营部落”，墙隅绿植变为“沙水天地”，异形土坡变为“拓展基地”，封闭灌木变为“快乐驿站”……全体教职员工用心营造了自选式、体验式、创造式的户外游戏场地，让幼儿在这自然、开放、多元的环境中享受游戏的快乐、成长的幸福。

（二）材料支持

材料是游戏推进的物质基础。以户外游戏“动物乐园”为例，大家找来纸筒芯、竹竿、易拉罐做成了一棵大树，还用竹篮做了一个鸟窝，方便鸟妈妈在窝里孵蛋；在猴园中，将彩色塑料管子竖在中间，方便猴子上蹿下跳；在猛兽区，用罐子搭了加高两层的栏杆，并累加松果，这样猛兽就不会跑出来伤害“游客”和小动物了；在河马的家门口，用积木规划出一个大池塘，为的是让皮肤干燥、爱泡水里的河马可以随时洗澡……这些材料的创造整合过程就是幼儿合作尝试、探索与畅想的过程。教师们在此过程中始终以尊重、欣赏的态度记录下幼儿在活动中最本真的点滴。在真实生活、真实情境中探索与发现的问题才是真问题，解决问题后获得的经验也是印象最深刻、受益终身的。

（三）共情指导

以共情的理念与方式沉浸到游戏指导中，能让我们全方位地走近幼儿、走近游戏，真正与幼儿共生共长。“春天里”主题活动中，大二班的幼儿对幼儿园附近的上方山公园表现出浓厚兴趣。在户外游戏中，大家提议分组搭建上方山的“上山路”和“下山路”。首次搭建的“山路”，幼儿玩了几下便没兴趣了，讲评中幼儿提出“要有挑战”，教师给予了肯定与支持。第二次活动中幼儿结合自己心目中对山“高”“大”“险”的印象，尝试在高高的油桶上铺好轮胎和攀爬架，组合搭建出高高的“上方山”，且一路设置各种挑战与障碍，还延伸出了“渡桥”，“山路”变得艰险多了。春游上方山时，幼儿发现公园会提供上方山路线图，他们向教师要来一张大纸，打算把上方山“搬”进幼儿园。大家商议后选择了最喜欢的游乐场和宝塔进行设计和布局，他们将各景点缩小，终于自制版“上方山路线图”完工了。但是，拥挤、插队的情况时时出现，于是，在教师的指导下，他们开始设置安全提示牌，并增加了“安全检查员”负责提醒或帮助“游客”。游戏情节不断丰富，勇攀山顶者可以拿到奖励性的标志——“红旗”，这一举措让攀登活动变得更有序、更有趣。

在课程游戏化前瞻性实验项目环境改造的进程中，我们以追求细节、追求完美的心态，精心打造自由、自主、创新、愉悦的户外活动空间，让幼儿在自然、积极的户外游戏中健康成长，让教师在宽松、活力的工作环境中幸福成长，让成幼在和谐、有序的环境氛围中踏实成长。

从图书馆到“图书馆”

——浅谈提升幼儿阅读素养的“图书馆”建设

阅读是陪伴幼儿一生成长发展的重要方式，是渗透在我们生活中的一种能力、一种享受，也是一种修养。在社会和经济发展迅速的今天，人的阅读素养被视为当今社会获得成功的基础能力，帮助幼儿成为一个“想阅读、会阅读、善阅读”的终身阅读者是我们的职责和使命。基于这样的认识，围绕张家港市万红幼儿园的实际情况，在“十三五”期间，我们进行了江苏省教育科学规划课题“一所儿童喜欢的幼儿园：提升幼儿阅读素养的‘图书馆’建设的研究”，坚持回归幼儿本源，以儿童为本，努力挖掘“图书馆”潜在资源，将“图书馆”建设融入课程，让幼儿成为“图书馆”建设的主人，以“图书馆”建设涵养幼儿面向未来的阅读素养。下面结合实例，谈一谈我们在实践中的一些探索。

一、理念升级，让空间无限延伸

1. 从无到有

作为一所二十多年的老园，空间小的问题一直困扰着我们，结合当下幼儿园课程游戏化前瞻性实验项目环境改造的契机，我们也一直在思考如何利用有限的空间，为幼儿提供适宜的阅读环境来支持幼儿的阅读行为。针对幼儿的阅读需求，我们在班级开辟了图书角、漂流角等阅读区域。随着阅读的深入，幼儿的阅读需求也逐渐扩大，他们希望可以拥有一个更大的阅读空间，可以随时看到更多的书，可以随时借阅……在幼儿的期盼中，建造“图书馆”的设想有了最初的萌芽。可是没有空间怎么办？大家发起了“我给图书馆找个家”的倡议，经过实地考察，投票选举，终于给“图书馆”找到了一个足够大的“家”，那就是幼儿园的大厅。那里有两排足足 10 米长的大书柜，并且可以延伸至楼梯，由于是开放式的公共空间，原本主要用来陈列好书推荐、阅读之星、书香班级、幼儿美术作品等的大书柜正好可以用来藏书。

2. 从有到优

虞永平教授认为，从课程资源的意义上看，在幼儿园建设“图书馆”，有利于提高图书的利用率，有利于拓展课程的内容，给幼儿园课程实施带来便利。由此，我们也不断反思建设的初衷，“图书馆”不仅是幼儿在幼儿园生活的一个非常重要的空间，更是幼儿园生活的一部分，是重要的课程资源。孩子们的阅读在哪里，我们的“图书馆”就在哪里，幼儿园真正成了一个大大的“图书馆”。

二、内外联动，让区域有效创设

1. 视听兼备，发挥主场效应

大厅藏书点是幼儿园“图书馆”的主场，在这里不仅拥有比班级里更多的书，而且还能满足大家对听说读写的需求。首先，没有明显的区域划分界限，“图书馆”里有幼儿喜欢的卡通造型的小沙发、小椅子、小垫子、小桌子、小台灯等。其次，在“图书馆”各个角落，我们为幼儿提供了用于书写的纸和笔，在阅读过程中，幼儿可以随时进行画画写写，记录一些阅读小感悟。最后，“图书馆”还提供了一些耳麦、点读笔、平板电脑等现代化设备，多种阅读形式有效地激发了幼儿的阅读兴趣。

2. 知行合一，整合客场优势

我们将幼儿园“图书馆”环境改造与专用室、长廊和大户外活动相融合，遵循“大自然、大社会都是活教材”的教育理念，尊重幼儿的阅读体验与表达，充分发挥客场空间优势，呈现不一样的大阅读氛围。在大户外的五大区域中，结合沙水、小竹林等元素，开辟相对应的书屋和各种体验馆，满足幼儿对阅读的需求，启发幼儿追随故事情节，自由表现故事内容。

三、动态呈现，让图书花样配置

1. 聚焦本源，思考图书分类的丰富内涵

在“图书馆”建设之初，幼儿园已经积累了诸多优质的绘本，于是图书分类成为一项重要工程。分类必须基于对图书的了解，我们按照内容、年龄段、难易程度、阅读方式等多种分类方案，开辟不同场景，选择不同书柜一一进行尝试。为了便于大家快速在所需类别中找到需要的书，分类后图书的摆放采用了平铺、竖排、两者结合的方式，这些摆放方式有利于培养幼儿良好的阅读习惯。

2. 回归兴趣，探求图书选择的真实路径

图书是幼儿园“图书馆”的内涵所在，必须用心选择，定期更新，及时为幼儿添置符合其年龄特点且优质的各类绘本、工具类读物，满足他们不同的阅读需求。如中班开展“昆虫记”的主题活动，教师可以为幼儿采购关于昆虫绘本的图书。如国庆节到了，教师可以及时为幼儿选购红色故事绘本，《胡子的军团》《心形雨花石》等，让幼儿了解历史，萌生爱国情感。

四、隐性支持，让流通自主发生

1. 小机器大用途

“图书馆”的图书流通是满足幼儿阅读需求的重要保证。传统的借阅方式是成人主导，幼儿处于被动状态，在时间上也缺少自主性。我们遵循幼儿的借阅意愿，将传统的借阅设备进行升级改造，从室内移至大厅，并添置了卡通造型的自主借阅机器，幼儿人手一张小小的借阅卡，可以随时进行图书借阅，轻松实现了让流通自主发生的美好愿望。自主借阅机器的使用、后台借阅信息的及时更新，也使教师能了解幼儿的阅读喜好和阅读需求，为跟进图书配备提供真实依据。

2. 小规则大能量

在“图书馆”环境创设中，为确保“图书馆”的有序运作，我们设置了图书阅读小提示、自主借阅机器的借阅流程图、图书借阅规则、值日生工作职责等，生动形象、简洁明了的表征符号和图示，向全体幼儿诠释了如何做文明有序的小读者的行为，为幼儿自主借阅提供了支持和帮助。

“图书馆”建设是一项长期的、动态变化的过程，对于幼儿的成长和发展以及教师的专业发展具有重要的价值和意义。我们尚在起步摸索阶段，未来将进一步优化“图书馆”的空间布局、图书配备和流通管理，使之真正成为课程建设的重要组成部分，帮助幼儿更愉悦地享受阅读世界，让他们爱阅读、会阅读、善阅读，让阅读素养陪伴幼儿一路成长。

在小树林生态游戏场中支持幼儿的主动学习

一、亲自然之涵，顺儿童之爱

常熟市莫城幼儿园内有大片的小树林，我们充分挖掘小树林作为课程资源，创设多元化的自然游戏区——小树林生态游戏场，让幼儿在与小树林的有效互动中提升对自然的关注，体验探索自然的乐趣，引导幼儿与自然对话、与游戏交融，鼓励儿童从大自然中汲取成长的力量。

二、融生态之美，合儿童之力

创设富有生态之美、自然之趣、儿童之需、融合之妙的小树林生态游戏场是我们的不懈追求。

1. 自然与多元融合，因地制宜规划环境

我们结合不同地域的形态对小树林进行合理规划，让自然性与游戏性巧妙融合，实行多维融合的举措，为幼儿亲近自然提供更积极的可能。

（1）多元领域的融合。我们在小树林生态游戏场中设计了七大游戏区：体锻发展为主的树林运动区、探索为主的树林科探区、角色交往为主的树林小镇区、艺术表现为主的自然创意区、表演性游戏森林剧场区、开展阅读的树林书屋、进行生态养殖的农耕园。这些丰富多样的活动区帮助幼儿实现体能、科学、艺术、社会、语言等多领域发展。

（2）不同区域的融合。我们通过泛化游戏区的功能定位，投放高度开放的材料工具，鼓励幼儿创造性地开展多样化的游戏与探究。区域融合帮助幼儿将自然经验整合互补，为小树林生态游戏场活动的深入发展提供了更加广阔的空间。

（3）生态循环的融合。我们鼓励幼儿尝试用生态思维来解决问题：在春天里播

种草籽、在小树林中创设“生态留白区”……我们一起努力实现小树林环境的可持续发展。

2. 支持与改造并重，立足儿童优化环境

正如虞永平教授所说，儿童进入环境，与环境相互作用，不只是简单的认知，不只是为了获得知识，更重要的是在感受和体验中获得相应的经验，激发更多的好奇心和求知欲。想要让小树林生态游戏场持续支持儿童的主动学习，我们就必须切实站在儿童的立场上进行环境优化。

（1）倾听童心，盘活闲置区域。在多次的环境改造中我们倾听幼儿的心声，观察其游戏表现，感受其活动需要，陆陆续续新增了“昆虫旅馆”“菌菇部落”“树林秋千”等区域，小树林在不断的“变身”中让幼儿可亲近、可探索。

（2）儿童参与，提升主人翁意识。我们鼓励幼儿一起参与小树林环境的规划、设计、改造。幼儿以自己力所能及的方式为小树林环境优化贡献力量，他们感受到自己是小树林的小主人。

（3）关注经验，提高资源利用。我们采用幼儿看得到、拿得到、收得回的“超市模式”在小树林各个游戏区里建立小树林游戏材料站，鼓励幼儿收集小树林中的自然材料，分类摆放、自由拿取，让小树林中的一花一叶一木一果都能被幼儿充分利用。

三、识树林之趣，追儿童之思

我们尝试开展小树林常态化活动和项目化活动来支持幼儿的主动学习，从而形成丰富的、连续性的学习经验。

1. 保障常态活动中的主动探究

园本化生态活动依赖于常态化活动的开展，其中我们坚持三个关键：（1）给予“选择”。给予幼儿选择伙伴、选择材料、选择内容的机会，鼓励他们自主计划活动。（2）尊重“重复”。这个“重复”可以是活动区域、活动时间的重复，也可以是活动内容的重复。（3）注重“回顾”。我们鼓励幼儿用语言表达、表征记录、环境展示等多种形式积极地进行回顾。这些坚持让幼儿沉浸到树林游戏中，使儿童的学习有了主动持续性和反思深入性，为后续活动的深入开展提供依据和铺垫。

2. 助推项目活动中的深度学习

想要通过项目活动实现深度学习，过程中的问题就显得尤为重要。我们拓展幼儿的探究方法，用问题推进同伴互助合作，还用一系列开放的、发散性的问题促进幼儿尝试进行批判性思考。教师在保护幼儿的问题意识、推动幼儿产生探究欲望的同时，

梳理了幼儿的问题线索，判断了问题背后的症结，抓住了问题中的教育契机，牵引幼儿的探究学习向纵深发展。除此之外，我们还采用观察跟进、跨领域学习、树林日记和思维导图等策略来支持幼儿学习。

四、活动反思

小树林生态游戏场的开发是儿童在小树林中经验共生、持续探究、深入感知的过程，是教师与儿童一起经验共享、活动共建、学习共研、心灵共润的过程。在小树林生态游戏场的推进中，我们将继续追随儿童、追随自然，主动学习、共同成长！

真实的游戏，自然地成长

——课程游戏化指引下的园所环境创设

幼儿园的教育，是生命与生命的联结、生命与自然的联结、生命与生活的联结。在“让教育回归生命，让学习自然发生”办园理念的指引下，太仓市高新区娄江幼教中心娄江幼儿园顺应幼儿游戏的天性，满足幼儿游戏需求，一步步打造自然、生态、丰富、多元的游戏环境，让幼儿在与环境的互动中自然成长。

一、打造自然、生态的户外环境，让幼儿在自然环境中得到滋养

大自然是活教材，是幼儿最真实的学习环境。在课程游戏化的实践中，我们立足打造自然、生态的户外环境，在这里幼儿可以尽情地看看、听听、摸摸、想想和做做，主动探索、深入学习。

1. 角角落落创设户外游戏区，注重游戏情境的创设

自2017年起，幼儿园持续进行了户外环境的优化与调整，充分挖掘户外角角落落和有利资源，根据幼儿发展需要，形成了欢乐树屋园、野趣小天地、勇敢挑战营等九大户外游戏区。

勇敢挑战营以树林为基地，创设了各种规格的架子，秋千、摇床、爬杆、梯子、绳圈、滑索等应有尽有；将操场北面绿化带中的矮灌木丛去除，让原本无法进入的绿化改造成树荫下的鹅卵石小路、石板路、小桥、梅花桩路；增设防腐木小舞台，投放了鼓、铝板琴、各种自制音乐玩具和各种表演道具，打造绿意盎然的音乐长廊；围绕香樟树搭建的小木屋，让阳光透过彩色的玻璃窗户，使其充满童话色彩，书屋里放大镜、望远镜、风车、传声筒、昆虫观察盒、挖泥工具等丰富的材料，吸引着幼儿在与材料的互动中尽情地探索与发现；重新规划野趣小天地，去除矮小树木，铺上青砖小路，搭建竹屋、灶台等，情境创设后石头、树枝、叶子等自然而然成了

幼儿游戏的材料，引发了幼儿真实、自主的游戏。

2. 大刀阔斧改造塑胶场地，创设深入探索的环境

为满足幼儿游戏和运动发展的需求，2019 年 7 月，在课程游戏化精神的指引下，幼儿园投资了 100 万元对原有大面积塑胶操场进行了整体改造。如今，我们的操场以大片草坪为主，有坡度不同的小山坡，有可以肆意奔跑的硬质跑道，有弯弯曲曲的小河，有不同材质铺设而成的健康走道，还有兼具探索与运动功能的木质长廊……多样性的场地资源吸引了幼儿在其中探索、创造、运动、游戏。

此外，幼儿园将户外场地打造成了自然博物馆，分为百花园、百草园、百果园、百禽园、种植馆、昆虫馆等，幼儿在其中种植各种植物，开展动植物的养护与料理、生命的探究与学习等，建立对大自然的初步认识，滋养心灵，领悟生命的奥秘。

二、优化开放、自主的室内环境，促进幼儿深入学习

课程游戏化项目实施的目的，在于以幼儿为主体，促进幼儿的主动、多元发展。而环境创设的落脚点同样也是以幼儿为主体，创设有利于幼儿主动游戏、自主学习的开放式环境，满足幼儿个性化的发展需求，促进幼儿的深入学习。

1. 优化活动室的格局，扩大幼儿活动的空间

幼儿园教室较小，幼儿活动的空间很有限，于是，我们对活动室进行了改造，将原来的储物间与活动室打通，盥洗室改从午睡室外的走道进出，这样就扩大了活动室内的空间，让幼儿在游戏时，有了更多可选择的区域。

2. 放手区角环境创设，关注幼儿能力的发展

区角游戏的规划和创设不再是以教师的想法为主导，而是放手给幼儿，让幼儿真正成为班级的主人。教师和幼儿一起商量、讨论班级开设哪些区域、准备哪些材料等。通过思考、设计、制作，幼儿各方面能力得以发展与提升。

3. 调整室内外墙面布置，注重参与性和互动性

我们将走廊墙壁处单一的作品展板调整成三块不同材质的展示板块（网格、黑板、软木），各班根据幼儿兴趣点和需求展示幼儿的学习过程与成果。室内主题墙的创设，我们尝试运用思维导图呈现课程的进展，不仅体现了幼儿的学习过程，而且幼儿在与主题墙的互动中，进一步梳理了知识经验，萌发了新的探索点，增强了参与性、互动性和有效性。

4. 建设有内涵的博物馆，让专用室资源更优化

为了更好地利用幼儿园场地、资源，拓宽幼儿自主、自由游戏学习的范围，我们

基于苏州市规划重点课题“探索与发现：幼儿园儿童博物馆建构的实践研究”，将各专用室调整和改造成十二个不同类型的儿童博物馆，如纸品馆、建筑馆、棋迷馆、生活馆、表演馆等。儿童博物馆的环境创设在突出博物馆集珍、展示、教育、互动等社会功能特性的基础上，强调幼儿与博物馆之间的互动性，促进幼儿更深入地学习。充分利用每一处空间，如二楼宽敞的走廊创设成建筑馆，将边角的小平台打造成乐高小天地等，让专用室资源更优化。

5. 营造博物馆文化氛围，让幼儿感受校园文化的浸润

在室内环境的创设中，我们营造了丰富、互动、多元、开放的儿童博物馆文化。一是在大厅的主题博物馆创设了随季节变化的春之沐歌、夏日细雨等场景。二是在幼儿园的楼梯过道展现儿童博物馆的发展历程和游戏成果，让每个进园的人感受到博物馆文化的浸润。三是在每个班级的班本博物长廊展示幼儿收集的各种生活用品、自然材料等，不断拓展幼儿博物视野，生成园本课程。

三、建设课程游戏化资源，从幼儿生活和游戏中生发课程内容

我们努力开发和利用各种教育资源，如材料资源、家长资源、社会专家资源、环境资源等，形成了内容科学、管理有序、应用有效的幼儿园课程资源库，并注重对课程资源的有效管理，从幼儿生活和游戏中生发新的课程内容，为幼儿的发展创造良好的条件。

1. 持续开展博物资源收集，提升幼儿的博物意识

结合幼儿园的博物馆课题，我们把每月 15 日定为幼儿园的博物收集日，根据班级需要，每次博物日收集两到三种物品。这些收集来的物品放在大厅博物收集长廊里，由幼儿自主完成分类、整理的过程，并按照大厅资源地图上的标识，分类存放到相应的班级博物收集框内，无形之中发展了幼儿的思维、合作、动手操作能力。

在区角游戏、班级环境创设、走园游戏等活动中，幼儿可以选择自己班级博物筐里的材料，探索和挖掘博物材料的特点、科学属性、功能用途等，进行灵活运用。在这个过程中，培养了幼儿初步的博物意识，实现了博物材料收集的价值及意义。

2. 坚持做好课程资源建设，建构有生活经验的课程内容

我们统筹各类资源，做好课程资源的梳理，分类入库，创建了实物资源库、家长资源库、专家资源库、社区资源库和环境资源库等，管理有序，利于操作。

在社区资源库的建立过程中，我们收集了幼儿园周边三千米的可利用资源，绘制

了资源地图，挖掘和分析各类资源的运用价值，并将所有资源梳理成文，纳入幼儿园课程资源，即时运用。于是，图书馆、博物馆、工业展览馆、菜场、社区、车站、小区、公园，风光带等，都留下了幼儿游戏和活动的身影。幼儿在与周围环境的亲密接触中，在社会这个大课堂中，看到了、听到了、学到了在幼儿园中无法得到的知识。

3. 定期开展走园游戏，给幼儿更多自主选择权利

为了加强专用活动室资源与幼儿园课程活动间的联系，促进教师课程整体实施的意识，让博物馆资源与各年龄段、各班级开展的主题课程建立相辅相成的良性关系，延展主题活动开展的广度与深度，自 2016 年起，我们尝试开展了走园游戏，即在固定时间段内，采用混班方式，打破班级界限，让幼儿走出教室，自选任意场馆开展游戏活动，每个馆都有一个固定的教师负责组织。从选择场馆、进馆、游戏、回教室，幼儿全程自主，充分体现了自由、自主、创造、愉悦的课程游戏化精神。走园游戏活动的开展，让专用活动室与幼儿园的园本课程结合得更为紧密，更好地支持了幼儿的主动学习与自我发展。

在课程游戏化精神的指引下，我们不断优化和改造，如今，幼儿的学习更加自由、自主、开放，教师的儿童观、教育观也有了很大的转变，课程实施能力得到了很大的提高。我们努力并收获着，为的是让幼儿在与环境的互动中更好地成长！

本土资源在园本课程环境建构中的开发与利用

——以淡港资源在课程环境建构中的开发利用为例

在《幼儿园教育指导纲要》(以下简称《纲要》)及《3—6岁儿童学习与发展指南》(以下简称《指南》)的游戏化、生活化、本土化教育目标下，重视本土资源的开发，加强优秀传统文化的教育已成为我国学前教育的共识。环境是重要的课程资源，儿童的发展离不开有准备、有意义的环境，根植地域文化的幼儿园环境创设不仅能够彰显幼儿园的特色，而且有利于增强幼儿对民族文化的认同。苏州市吴江区七都幼儿园（以下简称“七都幼儿园”）以“浸润淡港文化，蒙养儿童心灵”为办园宗旨，根据幼儿的兴趣与学习、发展需要，对淡港资源进行开发利用，建构了系统性的“润养”课程体系和课程环境，支持幼儿天性的发挥、心性的涵养以及个性的解放。

一、基于淡港资源建构幼儿园户外课程环境的意义

1. 落实生活化、本土化教育要求

《纲要》与《指南》都明确提出生活化、本土化的教育理念和目标，在幼儿教育中应当得到贯彻与落实。关于课程，虞永平教授曾说，适宜性是园本课程最根本的特性，课程的适宜性其实就是它特色化、本土化的一个过程。基于淡港资源建构幼儿园课程环境，能让幼儿真正接触到淡港本土的、传统的生活、生产条件等，潜移默化中增强幼儿对家乡的认知，有效落实生活化、本土化的教育要求，同时让幼儿园课程更具适宜性和园本性。

2. 丰富幼儿教育内容，突出教育特色

本土资源的开发与利用，可以拓展幼儿园课程内容的有机组成部分，可以丰富幼儿园课程实施的途径，可以为幼儿的学习与发展提供资源保证和可能性，并能彰显出幼儿园的个性特色。淡港拥有悠久的人文历史，自然、文化、物质资源丰富，而且富有本地自然环境造就的自身特色。所以，基于淡港资源建构幼儿园课程环境，将各类

自然、文化、社会资源纳入课程环境建构中来，可以依托资源优势，达到丰富幼儿教育内容、突出幼儿教育特色的效果和目的。

3. 培养幼儿乡土情感，增强文化自信

七都幼儿园的“润养”园本课程建设以及办园理念，都非常注重对幼儿情感的塑造与培养，而幼儿对自身乡土的情感，则可以被看作是其情感与人格品质体系的基石，对幼儿其他方面的情感发育，都具有非常大的影响。基于溇港资源建构幼儿园课程环境，增进幼儿对家乡的认知和了解，可以有效培养幼儿的乡土情感，塑造幼儿对家乡的热爱之情，同时增强幼儿对乡土文化的自信，促进地方传统文化的传承。

4. 激发幼儿自主探究，培养深度学习能力

探究是幼儿的本能，对于幼儿来说，探究的过程也是学习的过程。正如杜威所说，知识的获得不是个体旁观被动理解的过程，而是探究主动建构的过程。因此，我们需要为幼儿创设充满不确定、真实而自然的游戏环境来激发幼儿的探究兴趣，引发幼儿的深度学习。基于溇港资源建构的幼儿园课程环境正符合这一要求，它能够让幼儿在亲近自然、直接感知、实际操作、亲身体验的过程中进行自主探索和深度学习。

二、溇港资源的基本内容

太湖沿岸的百姓在溇港边生息繁衍，历经千年沧桑，催生了具有鲜明地域特色和深厚人文积淀的溇港文化。

（一）自然资源

溇港以全国知名的太湖为傲。它是古代太湖流域劳动人民在与洪涝、干旱的较量中，开渠排水、培土造田，变滨湖湿地滩涂为膏腴沃壤的一项独特创造，它始于在太湖滩涂上横塘纵浦的开凿和整治，是太湖流域特有的古代水利工程系统。围绕太湖，这里形成了一系列生活、生产、水利自然条件，养育了一辈又一辈的溇港人。这些自然资源具有深刻的生活化、本土化教育意义。

（二）文化资源

溇港不仅拥有良好的自然资源，同时还拥有丰富的文化资源，这是溇港人在生活、生产中，不断创造和积累形成的。如非遗项目木偶昆曲、太湖渔歌在全国都享有盛名，具有非常高的文化和艺术内涵，既具有教育意义，又具有传承价值。除此之外，溇港还具有自身的民风民俗，如拜阿太、婚嫁礼仪等。

（三）社会资源

为了适应地方的自然资源，提高人们的生活、生产水平，溇港还孕育出了大量的物质资源，为方便出行和打鱼的船只，如传统的桥梁、建筑等，另外还有地方特色饮食，如香大头菜、熏豆茶等，这些都是溇港资源的重要组成部分，可以在幼儿园户外课程环境建构中得到利用。

三、溇港资源在园本课程环境建构中的利用

课程环境是课程实施的基础与保障，决定着课程目标的达成度。我们基于“润养”课程建设，立足儿童发展的原则，从整体规划出发，引领教师将溇港资源开发有机融入园所课程环境创设中，尝试建构“润养”课程理念的园所文化环境。

（一）统筹规划，凸显课程教育理念

1. 环境创设满足幼儿亲近自然的需求

植物蕴含着四季的变化，幼儿接触各种各样的植物就是在亲近自然。“春有花、夏有荫、秋有果、冬有绿”是七都幼儿园户外绿化种植的主旋律。春天桃花、樱花、梨花等次第开放；夏天校园绿荫下可以嬉戏、纳凉、找蝉捉蚂蚁；秋天看银杏变黄、枫叶变红，采摘桂花，酿制桂花蜜，制作家乡桂花糕，看百果园里枝头挂满果实，采摘果子，制作果酱；冬天可以观察常绿树和落叶树的变化与不同，让幼儿感受四季的更替与变化。

种植区按时节种植毛豆、大头菜、香青菜等蔬菜，到了收获季节，在阳光生活坊制作家乡美食：青薰豆、大头菜、菜花头，学习并传承非遗制作技艺，感受美食的博大精深。幼儿在玩的过程中，对植物的生长、成熟产生一系列的问题，又在自主性的互动中，将问题转变成经验。

自然性是幼儿园户外游戏环境的重要特征，幼儿园应有意识地将更多自然元素引入环境建构中，通过取法自然来为幼儿建构回归自然的生态环境，为幼儿提供多元的游戏体验，满足幼儿亲近自然的需要。

2. 环境创设凸显生活化、游戏化的课程理念

幼儿园的课程就在儿童的生活中，就在儿童的行动里。生活化、游戏化的环境能为幼儿提供可感知、可操作的具体事物，使幼儿园教育意图客体化，达到潜移默化影响幼儿行为和品质的作用。

在溇港丰富的资源中，水利工程可以说是最典型的代表，于 2016 年便已成功入选

世界灌溉工程遗产名录。七都幼儿园地处溇港腹地，北望太湖，东临吴溇（围墙外就是太湖中的第一溇——吴溇）。我们将园外太湖和吴溇作为课程实践基地和课程实施载体，引导幼儿在参观游览中，形成对溇港水利工程遗产的认识和了解。

幼儿园东院与吴溇只是一墙之隔，经过勘测，顺应自然地形，我们通过铺设地下管道引入太湖生态水源，与幼儿共同创设可看、可玩的溇港生态园。园内有水八仙生态池、溇港圩田，形成泥水混合种植区域，师幼按时令季节种植不同的瓜果蔬菜和水生植物。通过观察、记录、比较，发现不同植物的生长秘密，同时在近距离接触和欣赏的过程中，获得对美的感受和体验；我们还顺势挖了大小不一、纵横交错的“溇”与“港”，有深水区和浅水区，幼儿可探索不同坡度与水流速度的关系、“溇”与“港”的关系等；河里有不同材质、形状的船，幼儿可探索划桨力度、速度、方向与船前行的方向、速度的关系，探索不同材质船的沉浮、承重等现象；河里还放养螃蟹、鱼、水草等水生动物和植物，幼儿可探索不同的捕捞工具，体验抓鱼捕蟹的快乐。幼儿在与溇港生态园不断互动的过程中进一步了解溇港水利工程的作用、意义。

把游戏化、生活化、经验化的课程理念融入幼儿园环境创设中，可在满足幼儿亲近自然、直接感知、实际操作、亲身体验的学习基础上，体验与自然、社会的多元共生关系，获得多元发展。

（二）多维融合，为课程实施服务

1. 环境与课程融合，有效落实课程目标

环境既是课程创生的来源、课程实施的载体和结果，也是支持幼儿发展的平台。幼儿的学习环境，也是教师的教学环境，支持性的课程环境能成为幼儿发展的能量场。

民间艺术文化是地方资源的重要组成部分。溇港的民间艺术文化以木偶昆曲为典型代表。随着科学技术的进步与发展，木偶昆曲等民间艺术文化逐渐被边缘化，了解木偶昆曲这项民间艺术的人越来越少。为了加深幼儿对地方文化的了解与参与，七都幼儿园创设了大班主题活动“木偶昆曲”，主要围绕“听尘封之缘起”“赏罗袍之精绝”“感艺术之雅趣”“演木偶之传承”四个内容展开。为了课程的有效实施，除了班级区域环境和主题墙的创设外，我们还以“互动、共建”为行动理念，采取幼儿与教师、家长与学校，社区与学校之间的互动模式，创建了木偶昆曲资源馆。墙面上有图文结合的文化介绍，并配有影像、录音介绍的一体机，幼儿可通过触摸选择自己想要了解的内容；活动室一端有表演的舞台，旁边是小剧场化妆间，增添表演所需的道具、服装等，以满足幼儿舞台表演的需求；活动室另一端则提供桌椅、木偶、服装及道具等制作材料及制作工具，满足幼儿游戏与创作的需求。在制作过程中，可探索工具的不同使用方法，练习多种操作技能。这种集文化介绍与体验操作于一体的资源活动室，

弥补了班级活动室内空间、材料数量、材料品种等方面的不足，既能将抽象的木偶昆曲文化具体化，又能支持幼儿全方位发展。更重要的是，能够培养幼儿对传统文化的兴趣，有利于增强他们的文化自信，促进传统文化的传承，从而有效落实课程目标。

以课程目标为导向的环境创设，能有效服务于课程实施。课程与环境的链接可以生发环境更多元的价值和存在的意义。

2. 链接不同区域，为幼儿发展服务

幼儿整合性、连续性经验的获得需要依赖各教育环境之间的联系与整合，因此，幼儿园课程环境的创设应打破不同区域环境之间的间隔，相互建立链接。

首先要建立室内环境和户外环境的联系。幼儿园是由户外空间与室内空间有机组合构成的一个完整的教育生态系统，室内外空间共同辅助幼儿园教育教学目标的完成，共同促进儿童的发展。因此，在课程环境创设上应内外互通，联结成一个整体，给予幼儿开放性的活动空间以及更多的活动选择。

其次要建立户外课程环境各功能区的联系。例如，为了让沙池、泥潭、水池、石头园蕴含更多游戏的可能，我们移除了隔离带，将原本固化的四个区域打通，让幼儿游戏的空间得以扩展，幼儿可以尽情地挖泥洞、筑泥坝、甩泥巴，也可以运用泥、沙、石、水来画、粘、摆……

最后要建立幼儿园与社区的联系。一方面可以将淡港资源引入幼儿园课程环境建构之中，另一方面，我们需要拓展课程环境的边界，将幼儿的活动范围推向更大、更真实的社区以及大自然环境之中，让社区成为幼儿活动的大舞台。例如，在开展主题活动“木偶昆曲”时，我们组织幼儿参观洪福木偶昆曲剧团实践活动，邀请剧团人员来园表演，指导幼儿制作木偶、编排木偶剧等。

课程环境各层面的打通，不仅能拓展幼儿的活动空间，实现资源的共享，更能让游戏内容层出不穷，真正让幼儿的经验得以在空间的自由转换中获得不断的迁移、延续、更新与生长。

（三）对话互动，促幼儿深度学习

1. 对话性环境引幼儿自主探究

在课程环境创设中要实现真正意义上的儿童视角，最重要的就是创设对话性环境。幼儿与环境不断“对话”，能有效促进幼儿活动的持续性与深入性。

在环境创设中，七都幼儿园运用了中国哲学的“虚室留白”，这里的“白”就是幼儿与环境的互动或是幼儿自己创造的环境。我们每一处环境的创设都来自幼儿的需求，与幼儿商量共同创设。在实施主题活动“太湖石”时，我们组织幼儿开展户外寻石活动，寻找自己认为形状、造型、色彩有趣的石头，将其收集起来，展示给同伴看，

并说说喜欢这块石头的原因。随着收集的石头越来越多，大家想在幼儿园做个石头园。教师与幼儿一起寻找合适的场地，最终选择了紧邻美术创意区的无患子树林。幼儿将大小、形状不同的石头投放到树林，并逐渐增添了操作平台、小木屋、花花草草，同时幼儿还发挥想象，对石头进行二次创作，将石头画成各种姿态的动物、植物等。

对话性环境还可从“我的游戏计划”“我的问题”“我的游戏故事”入手。我们在每个游戏区域都安装了黑板和故事书夹。游戏前，幼儿会制订计划并贴于黑板上，让游戏更有意向性和目的性；游戏中，幼儿将遇到的问题、困惑、经验等记录在问题墙上，教师通过对问题墙的关注，引导幼儿交流、讨论；游戏后，幼儿可将自己的游戏故事记录在故事书夹中进行分享。

幼儿是环境的使用者，在环境创设中，教师要多听幼儿的声音，读懂幼儿的想法，将环境创设的权利还给幼儿。

2. 探究性环境促进幼儿深入探究

幼儿是通过自发的探究而不断加深对世界的认识和理解的。在课程环境建构中，我们引入“三问机制”，即：“这是一个开放的环境吗？”“这是一个能激发幼儿想象力的环境吗？”“这是一个能引发幼儿持续探究兴趣的环境吗？”

在孩子们的探究过程中，教师始终以“不作为”的旁观者引导幼儿深入分析，解决问题。在“三问机制”的引导下，幼儿共享生活经验，发挥想象力进行头脑风暴，并在实验优化的过程中发展动手能力和创造力，提升解决问题的能力。

四、结语

基于地方资源建构幼儿园课程环境具有重要的教育意义。上述这些对地方资源的利用方式，在课程环境建构的实践中都起到了很好的效果，激发了幼儿的学习兴趣、学习动力，提高了教学成效，显著地促进了幼儿的学习与发展。古语有云：“染于苍则苍，染于黄则黄。”幼儿教育是本土文化传承教育的突破口，课程承载教育，教育承载文化，因此，对娄港资源的开发与利用成为我们课程建设的关键动作，同时也让幼儿园课程更具适宜性和园本性。

螺蛳壳里做道场，方寸之间玩花样

——议合理利用有限空间进行户外野战部队游戏

户外体育游戏是幼儿游戏中的一个重要项目。通过户外游戏，幼儿从室内走向室外，亲近自然，感受自然。为了让幼儿尽可能多地走向户外，大班组结合周边部队资源，开展了野战部队游戏。

一、户外游戏开展遇阻力，望闻问切追根源

野战部队游戏进行了没多久就不得不搁浅，于是，师幼共同总结出三个问题。

第一，场地限制。由于幼儿园户外场地有限，野战部队游戏选择在幼儿园大门口左侧场地。这里有个小山坡上，但晃桥已损坏，山坡就不能使用了，幼儿只能在窄窄的柏油路上游戏。第二，安全问题。每次游戏总会有几个小朋友摔倒、擦伤，这让教师头疼不已。第三，游戏内容。游戏内容一直在重复，幼儿逐渐对野战部队游戏失去了兴趣。

二、教研活动聚力齐思考，专家会诊寻良方

针对户外游戏的现状，我们进行了一次教研活动。教研活动中，教师把所有问题一一抛出，大家各抒己见，从不同角度再次审视游戏。

（一）聚焦场地，择取最佳选择

教研活动首先要解决场地问题，让幼儿有地方可游戏。审视幼儿园每一块户外运动场地的优缺点：第一块场地，四楼运动场地。宽阔，平坦，铺有塑胶，上面还有攀爬架和轮胎等器械，是大班幼儿经常使用的场地。唯一的问题就是护栏不够高，通风

井没有全部封死，物品会掉落下去，有安全隐患。第二块场地，小学西操场。面积有半个足球场那么大，新铺设的草坪十分软，幼儿在上面奔跑不会受伤，但没有大型器械，也没有存放小型器械的地方，很不方便。第三块场地，幼儿园南操场。这是幼儿园的主操场，面积大概500平方米，场地上有滑梯、攀爬架、体育器材，平时多为小班活动场地，在活动时间上有冲突。

教研活动中，大家权衡再三，决定使用四楼场地。原因如下：首先，四楼场地的面积充足，铺有塑胶，可容纳两个班级同时使用，对于野战部队这样一个参与人数多的游戏来说很合适；其次，四楼场地离大班的教室近，幼儿活动方便，且四楼为大班的专用场地，幼儿游戏没有干扰；最后，幼儿活动的器械有地方摆放，可放在通往场地的走廊内，幼儿拿取方便。关于存在的安全隐患，我们积极想办法解决，针对护栏问题，申请了加高护栏，还决定采购线网来罩住通风井，这样坠物的问题就得以解决了。

（二）形式研讨，追随幼儿发展需求

“螺蛳壳里做道场”，这个“螺蛳壳”我们选好了，接下来就要来讨论“道场”怎么做了。

根据前期幼儿游戏的情况，各班分别开设了“野战部队怎么玩”的谈话活动，在和幼儿一起分析新游戏场地后，新游戏改变如下：四楼的游戏场地呈“手枪”形状，场地上有两个通风井，可在此进行对战游戏；场地的“枪柄”部分呈正方形，变为“战地医院”和休整场地；轮胎和平时使用的体育器械可以成为材料，放置在连廊里。快乐的野战部队游戏即将拉开序幕。

三、实践尝试经验共分享，优化方案勤探索

游戏开展一段时间后，大家围坐下来反馈游戏情况。

（一）大家来说说

A老师：“我们首先带孩子们讨论到底什么是野战、要怎么玩、有哪些角色。遇到的问题是，孩子们在活动中创意频出，需要有大量的材料支撑，游戏平台上的材料不够用。”

B老师：“我们班的女孩子在玩野战部队游戏时自主创造出来了‘护士’和‘后勤’的角色。男孩子在游戏中受伤了，女孩子主动承担起了照顾的角色。后来还产生了‘医生’‘医院’‘担架’‘救护车’等。女孩子热衷于生活角色扮演方面的游戏，角色

游戏中的烧饭、野炊、后勤补给等角色自然而然就产生了。”

C 老师：“我们班级在活动时发现了问题，野战部队角色在活动时，肢体动作大部分集中在投掷、奔跑等项目中，比较单一，能否再加上其他运动项目，让幼儿的锻炼更全面，教育价值更高？”

（二）大家来想想

在激烈讨论后，大家总结了以下办法：第一，增加游戏材料。滚动投放和补充各种搭建材料。利用家园合作资源，投放各类需要的物品，并定期增加、更换。第二，鼓励幼儿携带班级内角色游戏材料至活动场所，增加角色游戏的价值。第三，观看相关部队训练的视频资料，增加预设游戏内容，引导幼儿了解更多野战部队可活动的内容，和幼儿讨论，不断补充更多的锻炼项目。第四，结合幼儿的游戏进程，增设大型游戏器械，如臂力练习器材、平衡练习器材等。

（三）大家一起做

在接下来的实施过程中，幼儿根据改进的意见，又开始了游戏活动。在活动中，幼儿的创意无限，根据视频中解放军叔叔的操练动作，设计了一系列训练活动。为了满足物资的现场储存需求，他们利用班级里的大型积木和场地上的轮胎搭建了一个储藏物资的小房子，起名为“秘密基地”，把在活动中需要储藏的“炮弹”“手雷”等都藏在里面。在游戏的时候，幼儿还邀请教师参观他们的“秘密基地”，自豪地介绍其功能。

四、结语

我们努力让幼儿在游戏中学习，在游戏中成长。我们结合幼儿在游戏中的表现，追随幼儿在活动中的发展，利用专业的眼光来评价、支持幼儿的活动，在有限的空间做出无限的精彩，让小小的幼儿园承载幼儿大大的梦想！

基于儿童立场的幼儿园功能室（区）的创设与实施

——以“小小珍珠城”为例

幼儿园功能室（区）又称专用活动室，是为幼儿专设的活动场所。《幼儿园教育指导纲要（试行）》指出：幼儿园应为幼儿提供健康、丰富的生活和活动环境，满足他们多方面的发展需要，使他们在快乐的童年生活中获得有益于身心发展的经验。那什么样的功能室（区）深得幼儿喜欢呢？怎样的功能室（区）环境能基于儿童立场，更好地支持幼儿的学习与发展呢？结合功能室（区）的改造，我们以“小小珍珠城”为例，对创设幼儿园功能室（区）环境进行了思考与实践。

一、幼儿园功能室（区）创设的现状

出于幼儿以及幼儿园发展的需要，几乎每个幼儿园均开设了种类繁多的功能室（区），但是功能室的使用效果却不容乐观。其中原因有多个方面：（1）功能室（区）价值被低估，未引起重视。忽略了功能室（区）的主要价值是在于弥补班级活动的不足，为幼儿提供更充分适宜的活动环境。功能室（区）应既可以满足集体活动的需求，又可以满足小组活动的需求。（2）功能室（区）管理不到位，使用不合理。常常会出现因材料欠缺、更新不及时、整理不到位而影响活动正常开展的情况。在功能室（区）管理人员配备上，未能够将教师的特长与功能室（区）的特点相结合。（3）功能室（区）环境不贴切，存在环境脱离儿童经验，材料投放缺乏层次性、目的性、可操作性等问题。

二、幼儿园功能室（区）创设的指导理念

（一）功能室（区）的创设要以人为本

基于教育学家杜威“教育即生活”“教育即生长”的教育理念，无论是班级环境创设还是功能室（区）创设，都应该顺应儿童的天性，创设以人为本的活动环境，凸显多元、可操作等特性，以满足幼儿自主探索的需要和多样化的游戏需求。

（二）功能室（区）的创设要基于儿童立场

教育立场首先是儿童立场。儿童立场的内涵应该顺应儿童的身心发展规律，把儿童当作主体，尊重与呵护儿童，顺应儿童的天性。在功能室（区）创设的过程中，教师要多站在儿童的立场上提供支持，尊重儿童的个体差异，从而真正走入儿童的内心世界，去发现儿童、读懂儿童、发展儿童。

（三）功能室（区）的创设要具有课程意识

对于幼儿来说，功能室（区）的活动蕴含着较多的学习机会，功能室（区）为他们提供操作、探索、实践的平台和社会交往的机会，以及丰富的认知和情绪体验。只有高质量的功能室（区）活动才能发挥这些作用，因此我们应把功能室（区）的创设作为幼儿园课程的重要组成部分，使它更有利于幼儿开展游戏活动。

三、“小小珍珠城”——特色区域的创设与实施

幼儿园功能室（区）种类繁多，“小小珍珠城”是幼儿园为了更好地实施课程，满足幼儿的发展需要而创设的一个特色区域，它包含科普认知区、艺术创作区、科学探索区、买卖交易区等。

（一）巧妙创设幼儿感兴趣的游戏环境

功能室（区）的有效创设表现在三个方面，一是孩子有兴趣参与，二是有明确的教育目标，三是能采用孩子能够理解的教育方式——游戏的形式开展。合理的空间布局和适宜的材料投放是幼儿有兴趣参加的前提。

1. 空间布局

结合幼儿园室内面积有限这一现实问题，幼儿园首先组织教师们进行头脑风暴，经过集体讨论，大家把目光聚焦在了专室的长廊，并紧扣课程设置及园所文化特色——珍

珠，来预设相关游戏内容。在游戏空间的布局上，尝试从幼儿需求出发，让其最大限度地享受游戏的空间，充分利用墙面、柜面、地面、转角、楼梯、吊顶等空间给幼儿提供更多自主探索、操作的机会。

2. 材料投放

科普认知区：运用宽阔的楼梯结构，设置成电影院场景，供幼儿观看珍珠的形成过程、珍珠养殖历史、珍珠城的发展历史、参观珍珠城的活动掠影等，待幼儿了解后，可请幼儿自行进行介绍。

艺术创作区：提供珍珠、蚌壳等主要材料及其他一些半成品材料供幼儿制作珠绣、串珠、工艺贴画、项链、发箍、发夹等；引导幼儿充分发挥想象，自行创作与众不同的作品，完成的作品放到买卖交易区开展买卖活动。

科学探索区：创设供幼儿了解珍珠特征的区域，如开展测量活动、辨认真假珍珠活动，还可以通过 DIY 配方，尝试制作珍珠美白膏、珍珠香皂、珍珠蚌模型，让幼儿获得更多直接感知、实际操作、亲身体验的经验。

买卖交易区：模拟创设 Mini 版中国珍珠宝石城，提供一些幼儿在艺术创作区及科学探索区完成的作品与材料，如自制的项链、耳钉、胸针、珍珠花、珍珠粉等。一方面，让幼儿进行买卖活动，发展其社会交往能力；另一方面，通过卖自己制作的作品，增加幼儿成功的喜悦与自豪感。

（二）逐步积累幼儿社会交往的经验

中国珍珠宝石城是园所周边的课程资源。每年各年龄段的孩子都会在家长和教师的带领下带着不同的问题去参观、采访，了解关于珍珠城和珍珠工艺品的相关信息，同时我们也会通过其他主题活动，如“买卖小高手”“我爱家乡珍珠美”等丰富幼儿的社会交往能力。

（三）支持推动幼儿深度学习的有效策略

北京师范大学冯晓霞教授指出，只有建立在真游戏的状态下才可能包含深度学习，包含问题解决、知识迁移、团队协作等深度学习的关键要素。因此，教师要善于观察儿童、解读儿童、支持儿童。

1. 捕捉有价值的契机

教师要做一个耐心的观察者，用心捕捉幼儿在真游戏中的精彩瞬间。如两名幼儿尝试连接珍珠项链，教师发现，他们在比较两条项链的长短时，通过时间的长短总结出哪种方式既简单又有效。教师细致的观察，为解读儿童、支持儿童提供了客观的依据。

2. 解读有深意的行为

教师在观察之后，以视频、照片、游戏记录的形式对幼儿的行为进行分析，并结合游戏评价量表评价幼儿的游戏质量，以此来了解幼儿的能力发展情况。

3. 提供多元化的支持

教师通过观察，捕捉到有价值的契机，作为后期调整游戏环境、游戏材料的参考。例如，在比较珍珠大小的活动中，幼儿运用筛子筛选出大珍珠，教师可以提供新的测量工具，如软尺、绳子、标尺等，让幼儿通过探索，进一步积累有关测量的经验。

四、结语

优化创设和实施后的“小小珍珠城”功能室（区）为幼儿提供了一个自由的、有准备的活动空间，让幼儿真正成为活动区的主人，极大满足了幼儿多样化的游戏需求。在创设与实施的过程中，我们深刻体会到：坚持儿童立场，走进儿童的世界，把儿童当作主体，才能创造出支持幼儿深度学习的多元化功能室（区）。

运用角色游戏开展室内幼小衔接环境改造的实践研究

《幼儿园入学准备教育指导要点》以促进幼儿身心全面准备为目标，围绕幼儿入学所需的关键素质，提出身心准备、生活准备、社会准备和学习准备四个方面内容。基于幼儿园和小学在教学形式、管理模式、生活制度、学习方法等各方面的不同要求，苏州工业园区新加花园幼儿园探索运用角色游戏开展室内幼小衔接环境改造。

通过观察与分析，我们发现幼儿入小学后可能存在以下问题：① 社会交往方面的问题，如与同伴发生冲突时不会协商解决，不懂得与他人合作，缺乏团队意识等；② 自我管理方面的问题，如不会整理书包和文具，丢三落四，缺乏任务意识和责任心等；③ 学习习惯和学习能力的问题，如注意力不集中，倾听能力和阅读理解能力差等。在幼小衔接阶段，可以在遵循幼儿个体发展规律及满足其发展需要的基础上，设计不同的角色游戏。我们和幼儿开展了以“离园倒计时”为主题的游戏，诞生了“文具店”“体检中心”“建筑工地”“闪亮舞台”“书吧”等游戏主题，帮助幼儿顺利度过幼小衔接。

一、角色区域的联动促使幼儿人际交往能力提升

良好的交往和合作能力有利于幼儿入学后结交新朋友、认识新老师，逐步适应小学新的人际关系。而角色游戏注重发挥幼儿主动性，让幼儿有充分的时间和空间与小伙伴一起游戏，能让幼儿得到更多的交往机会，体验到交往的乐趣。如在“闪亮舞台”游戏互动中，我们增设了“我有好办法”互动栏目，观众们看完表演后可以对节目提出问题和建议。此外，在“书吧”游戏中，我们进行了精读绘本《一年级一点都不可怕》活动，在共同阅读的基础上进行家园漂流阅读，鼓励亲子共读，采取亲子讲述以及幼儿录音、表演等反馈方式，受到幼儿欢迎。

二、游戏内容的更新促使幼儿在情境中学习与发展

幼儿良好的社会交往与合作的具体表现为：能和同伴友好相处，乐于结交新朋友；能与同伴分工合作，共同完成任务，遇到困难互帮互助，发生冲突时尝试协商解决；能主动向老师表达自己的想法和需求。游戏中，教师鼓励幼儿在面对各种问题时主动进行沟通、协调与互动，不断提升其自主解决问题的意识和能力，还通过启发式的提问鼓励幼儿大胆分享游戏经验，培养幼儿遇到问题多角度思考的思维方式。在一系列探究活动中，幼儿体验到了自主探索学习的乐趣，对小学的生活充满了浓厚的兴趣和期盼。

三、适宜的材料促使完成幼小衔接

为了增进幼儿对小学的了解，教师与幼儿共同组建“建筑队”，利用丰富的主材（大型木制积木）、辅材（纸芯桶、纸杯、牛奶罐、矿泉水瓶、泡沫板、薯片罐、PVC管道、报纸卷等）一起搭建幼儿心目中的小学。幼儿还积极推选“小导游”，为一批又一批的“小顾客”讲解小学的内外构造。

四、多种角色的体验促使幼儿自我管理能力得到提升

幼儿是独立的个体，他们的兴趣和需要既有年龄特点，又存在个体差异。提高幼儿的规则意识和任务意识，提升其自制能力，能帮助幼儿更加从容地步入小学生活，为他们的终身学习打下良好基础。进入大班，我们和幼儿一起制定了新的“游戏公约”，规定了不同岗位的职责并开展相应的管理活动：尝试用写写画画的方式安排自己的一日活动；对照每一项任务，有条不紊地开展自己的“工作”，体会有计划地做事的重要性；在游戏过程中，进行角色区的问题记录；游戏结束后，将材料送回原位。幼儿作为小主人，从一点一滴做起，履行职责，管理教室。

五、结语

幼小衔接是一个循序渐进的过程，需要进行身心准备、生活准备、社会准备和学习准备。作为幼儿教师，我们充分理解和尊重幼儿的学习方式和特点，把入学准备教

育目标和内容融入幼儿园游戏活动和一日生活，科学做好幼小衔接，做好幼儿生活和学习环境的改造，帮助幼儿实现从幼儿园到小学的顺利过渡。